周佳榮——著

一本讀懂昭和日本

H. I. H. Crown Prince Visiting in London

大日本勸業博覽會 第二會場 正門

上 昭和天皇做皇太子期間，曾出訪英國等歐洲國家。

下 1928年，在岡山舉行的大日本勸業博覽會第二會場

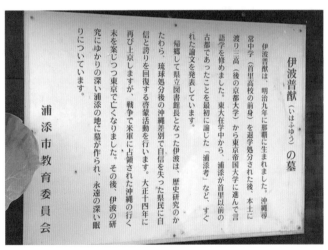

伊波普猷（いはふゆう）の墓

伊波普猷は、明治九年に那覇に生まれました。沖縄尋常中学（首里高校の前身）を退学処分された後、本土に渡り三高（後の京都大学）から、東京帝国大学に進んで言語学を修めました。東大在学中から、浦添が首里以前の古都であったことを最初に論じた「浦添考」など、すぐれた論文を発表しています。

帰郷して県立図書館長となった伊波は、歴史研究のかたわら、琉球処分後の沖縄差別で自信を失った県民に自信と誇りを回復する啓蒙活動を行います。大正十四年に再び上京しますが、戦争で米軍に占領された沖縄の行く末を案じつつ東京で亡くなりました。その後、伊波の研究にゆかりの深い浦添の地に墓が作られ、永遠の深い眠りについています。

浦添市教育委員会

上　沖繩浦添市的伊波普猷顯彰碑。伊波普猷是昭和時代著名的民俗學家，有「沖繩學之父」的稱號。

下　浦添市教育委員會在伊波普猷墓旁樹立起介紹其生平的告示

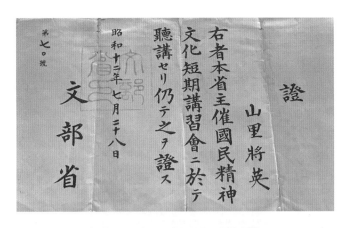

上　1937 年，由文部省發出的國民精神文化短期講習會的出席證明
書。同年 8 月 24 日，第一次近衞內閣通過國民精神總動員運動，
為發動全面侵華戰爭作輿論準備。（原件藏沖繩那霸市歷史博物館）

下　1938 年，由沖繩縣立第一中學發出的教練檢定合格證明書。文
件左下方有「配屬將校 陸軍步兵少佐 海內暢正」，反映出當時日
本軍部對教育事務的干預。（原件藏沖繩那霸市歷史博物館）

塞巴斯托波爾

展開攻防戰

史太林要塞被突破

【哈斯十八日同盟社電】蘇軍將領如發表之「史太林要塞」塞巴斯托波爾之攻防戰，已被德軍突破之消息，及其他情報加以研究，蘇軍仍在對英國中央地區方面作戰中。茲德法英國中央廣播之消息，南部伊斯坎德卡隨軍記者電云，塞巴斯托波爾方面進行二十四小時之激戰，德軍戰東向在距離南二十公里之托克拉段全線大激戰，塞巴斯托波爾之蘇軍，已困於應付。

【星島十八日同盟社電】荷女王飛抵加

荷女王飛抵加

【星島十八日同盟社電】據美大華電，荷蘭女王威廉明娜，本日乘機赴加拿大。

柏林方面之見解

【柏林十八日同盟社電】對邱吉爾第三次訪問美國表示見解，大要如次，邱吉爾之訪問，不足等問題，此次訪問解，決遠由無中生有也。

華南日軍交還權益

汪主席表示感謝

【廣州十九日同盟社電】日本軍對此次汪主席來訪之此際，汪精衛氏對中國更學界表示特對東政化之發展，成為新國民政府極力育成強化之東亞聯盟，成共其大大邦對此同次，一次與全國國同大學時各界要求大使官及政治文化事業軍經濟之諸問題，中國政府，作及以政治財政府府任人民作為及其

日越物資交換

即將簽署協定

芳澤大使由河內飛抵西貢

【西貢十九日同盟社電】關於日越物資交換之本年度經濟，越於與塞山氏，曾與越南總督芳澤古氏進行折衝，現已竣事，芳澤大使本月次，已與協定起見，督政芳澤南越方面搭乘飛機抵此間，當即乘汽由內乘飛機抵此間，定本日下午二時半於河內簽訂協定，內乘飛機進入大使館，當即搭乘汽車出發，定本日下午二時許由河內乘飛機進入大使館與載

目 錄

編寫說明

序

導論：日本近代史上最漫長的年代 / 001

第一章　前期政治與軍事 / 007

1.1　若槻禮次郎：昭和初年的總理大臣 / 011

【人物群像】安達謙藏、廣田弘毅、平沼騏一郎、近衛文麿、木戶幸一

1.2　田中義一：推行對華侵略政策 / 015

【人物群像】石原莞爾、森恪、板垣征四郎、赤松克麿

1.3　宇垣一成：消極對待三月事件 / 020

【人物群像】阿部信行、荒木貞夫、真崎甚三郎、小磯國昭、田中隆吉

1.4　東條英機：發動太平洋戰爭 / 024

【人物群像】永田鐵山、林銑十郎、星野直樹、松岡洋右、甘粕正彥

1.5　松井石根：製造南京大屠殺 / 030

【人物群像】土肥原賢二、山下奉文、岡村寧次、磯谷廉介

1.6　山本五十六：聯合艦隊司令長官 / 034

【人物群像】南雲忠一、鈴木貫太郎、米內光政

1.7　北一輝：日本法西斯運動領導人 / 038

【人物群像】西田稅、井上日召、大川周明

1.8　鹿地亙：組織日本人民反戰同盟 / 042

【人物群像】豬俣津南雄、三木清、綠川英子、宮本百合子

第二章　**戰後內閣與選舉** / 047

2.1　東久邇稔彥：戰後首屆內閣總理 / 050

【人物群像】梅津美治郎、重光葵、松村謙三

2.2　幣原喜重郎：推進戰後一連串改革 / 055

【人物群像】鳩山一郎、石橋湛山、河野一郎

2.3　片山哲：社會黨內閣總理 / 060

【人物群像】鈴木茂三郎、松本治一郎、淺沼稻次郎、平野力三、飛鳥田一雄

2.4　芦田均：三黨聯合內閣總理 / 066

【人物群像】森戶辰男、加藤勘十、黑田壽男

2.5　岸信介：與東條英機交惡逃過審判 / 070

【人物群像】佐藤榮作、福田赳夫、園田直

2.6　吉田茂：戰後組成五屆內閣 / 075

【人物群像】池田勇人、三木武夫、鈴木善幸

2.7　田中角榮：實現中日邦交正常化 / 082

【人物群像】二階堂進、大平正芳、伊東正義

2.8　中曾根康弘：主張日本成為「國際國家」/ 086

【人物群像】安倍晉太郎、後藤田正晴、金丸信、竹下登

第三章　**經濟、社會與言論** / 091

3.1　石川一郎：經團聯首屆會長 / 96

【人物群像】石坂泰三、植村甲午郎、土光敏夫

3.2　都留重人：首撰日本經濟白皮書 / 099

【人物群像】高橋龜吉、有澤廣已、下村治、大來佐武郎

3.3　一萬田尚登：日本銀行總裁 / 103

【人物群像】出光佐三、河合良成、小林中、櫻田武、稻山嘉寬

3.4　松下幸之助：著名電器製造商 / 107

【人物群像】伊藤忠兵衛、佐伯勇、本田宗一郎、盛田昭夫、井深大

3.5　高崎達之助：推動中日兩國民間貿易 / 113

【人物群像】前川喜作、藤山愛一郎、岡崎嘉平太

3.6　鈴木大拙：有「世界禪者」之譽 / 116

【人物群像】牧口常三郎、戶田城聖、大西良慶、賀川豐彥、白木義一郎

3.7　長谷川如是閑：堅持立場撰寫評論 / 120

【人物群像】松本重治、廣岡知男、平岡敏男

3.8　竹內好：致力中國文學研究 / 124

【人物群像】增田涉、武田泰淳、岩村三千夫、藤堂明保

第四章　**文學、美術與演藝** / 129

4.1　川端康成：諾貝爾文學獎得主 / 134

【人物群像】橫光利一、中河與一、今東光、今日出海

4.2　石川達三：社會派的代表作家 / 140

【人物群像】林芙美子、大岡升平、野間宏、宮本研、有吉佐和子

4.3　井伏鱒二：描寫原爆傷痛的文學 / 148

【人物群像】原民喜、大田洋子、峠三吉、永井隆、林京子

4.4　三島由紀夫：戰後著名右翼作家 / 155

【人物群像】平岡瑤子、太宰治、火野葦平、林房雄

4.5　井上靖：日中文化交流協會會長 / 159

【人物群像】中山義秀、海音寺潮五郎、橫溝正史、松本清張、開高健

4.6　東山魁夷：日本畫壇的顛峰人物 / 165

【人物群像】伊東深水、棟方志功、杉山寧、豐道春海、西川寧

4.7　手塚治蟲：原來不太喜歡阿童木 / 172

【人物群像】樺島勝一、大藤信郎、木下蓮三

4.8　服部良一：雅俗共賞的音樂大師 / 180

【人物群像】林謙三、清瀨保二、齋藤秀雄、入野義朗、美空雲雀

4.9 梅屋莊吉：日活電影公司創辦人 / 184

【人物群像】市川猿之助、小津安二郎、石原裕次郎

第五章　教育、學問與科技 / 189

5.1 諸橋轍次：刊行《大漢和辭典》/ 195

【人物群像】伊波普猷、金田一京助、土岐善麿、土屋文明、神田喜一郎

5.2 貝塚茂樹：「京大三傑」之一 / 200

【人物群像】小川環樹、吉川幸次郎、桑原武夫、小野川秀美

5.3 三上次男：首倡陶瓷之路的學者 / 205

【人物群像】羽田亨、杉本直治郎、三枝博音、岡邦雄

5.4 家永三郎：撰著《檢定不合格日本史》/ 211

【人物群像】實藤惠秀、羽仁五郎、仁井田陞、旗田巍

5.5 丸山真男：戰後日本思想的領導者 / 216

【人物群像】阿部次郎、田邊元、安倍能成、和辻哲郎

5.6 湯川秀樹：著名理論物理學家 / 221

【人物群像】櫻井錠二、長岡半太郎、中谷宇吉郎、朝永振一郎、坂田昌一

5.7 內藤多仲：東京鐵塔設計者 / 225

【人物群像】御木本幸吉、茅誠司、東畑精一

5.8　嘉納治五郎：致力發展柔道的教育家 / 229

【人物群像】矢內原忠雄、東龍太郎、蠟山政道、中山伊知郎

結語：昭和日本的曲折歷程和路向 /233

附錄一　內閣一覽（1926-1989）/ 235

附錄二　大事年表（1926-1989）/ 240

附錄三　年號對照（1868-2022）/ 246

主要參考書目 / 254

人名索引（筆畫次序）/ 259

編寫說明

　　本書介紹昭和時代（1926-1989）活躍於日本社會的知名人士，總共二百零五人，分為五大範疇：（一）前期政治與軍事；（二）戰後內閣與選舉；（三）經濟、社會與言論；（四）文學、美術與演藝；（五）教育、學問與科技。他們的事蹟，足以反映出這六十幾年間日本各個方面的面貌。

　　《一本讀懂明治日本》和《一本讀懂大正日本》已載錄的人物，部分在昭和時代仍然活躍，本書不予重複介紹；一些主要活動於平成時代的人物，亦不在本書載錄之列。總的來說，《一本讀懂明治日本》、《一本讀懂大正日本》和《一本讀懂昭和日本》三書前後呼應，互相銜接，可以視為認識近代日本的完整系列。

序

　　1977 至 1980 年間，我在香港中文大學日文系任助教，主要負責「日本文化與社會」一科的導修工作，逐漸培養了研究日本史的興趣。當時系主任陳荊和教授雖然學務繁忙，仍不時對我加以提點；此外，我還有機會參與他主持的東亞研究計劃，大大擴闊了我的視野，獲益良多，其後我常從東亞史角度看中國和日本。

　　由於工作上的需要，我出版的第一本書是《日語常用詞彙分類手冊》（1979）。1980 年我轉到香港浸會學院歷史系任教，自此「日本史」、「日本近代史」、「近代日本與西方」成為我經常開設的科目，因而撰寫了《近代日本文化與思想》一書，從 1985 至 2015 年，曾經重印了好幾次。其後，我的研究重點集中於中國近代史方面，包括日本人在華辦報活動，以及中國人在日本出版報刊的情況，都是我一直關注的課題，先後出版了《近代日人在華報業活動》（2007）和《瀛洲華聲：日本中文報刊一百五十年史》（2020），總共介紹了超過五百種中、日、英文報刊。

2010 年代中，從繁重的行政工作退下來之後，我的興趣又回到日本史方面，出版了《細語和風：明治以來的日本》（2018）。此書收錄近三十篇文章，其中一半是曾經在報刊上發表過的短論。近刊《大化革新前後的日本》（2021）是其姊妹篇，由古代日本說到早期日本與西方的關係，就內容而言，是後出的姊姊。

早年編撰的《近代日本文化與思想》，當中提到不少人物，通常都是三言兩語，旨在表明其歷史文化地位和重要性。曾經想加以增訂，後來覺得保持原貌較為合適。2019 年夏秋間，我為新亞研究所「誠明講堂」開設了一個名為「人物明治維新：近代日本風雲」的講座，並以此為基礎，寫成《一本讀懂明治日本》（2020），介紹了一百二十人。接着編著《一本讀懂大正日本》（2021），介紹了一百三十五人。現在這冊《一本讀懂昭和日本》，介紹的人物就更多了。併合起來，不妨稱為「近代日本三書」。

日本的昭和時期長達六十四年，而且戰前和戰後差異很大，可以提到的人物，遠遠不止書中這一批。戰前部分，較多政治、軍事、外交人物；戰後部分，還包括經濟、社會、學術、文化各方面具開創意義的知名人士。我希望從中可以反映出昭和日本的巨變，較全面地闡述明治維新、大正民主以降，昭和社會呈

現的多元化面貌。其間日本與中國的關係，尤其是日本人對中國的觀感，以及一些專家學者的相關著作，在中日兩國經濟往來和文化交流史上是有代表性的。本書的撰寫旨在普及知識，說不上深入探討，昭和後期的人物事蹟，可能欠缺全面性介紹。書中未盡完善的地方，有待他日再作補充。

周佳榮　謹識

2022 年 1 月 1 日

導論：
日本近代史上最漫長的年代

　　歷史決定一個國家的命運，也會改變成千上萬人民群眾的遭遇和生活。發動戰爭必然要付出沉重代價，崇尚和平則可實現美好的盼望。長達六十四年的昭和時代，經歷了戰時的黑暗與狂飆，也締造了經濟迅速增長的奇蹟，在日本、亞洲以至人類歷史上，留下了深刻的印記。

　　1926 年 12 月 25 日，大正天皇去世，由他的長子裕仁（1901-1989）繼位，成為日本第一百二十四代天皇，改元昭和，是為昭和天皇。在此之前，由於大正天皇長期患病，裕仁親王從 1921 年 11 月起攝政；1928 年 11 月 10 日在京都舉行即天皇位大禮，至 1989 年 1 月 7 日去世，創下了日本近代天皇在位最長的紀錄。

1. 從昭和維新到戰時體制

　　昭和初期，日本面臨內外危機，少壯派軍人及民間法西斯分子認為這是政黨政治腐敗所造成，主張模

仿明治維新，實行昭和維新，剷除元老、重臣等「君側之奸」，排除政黨和財閥，進而改造國家，以天皇為中心，建立「一君萬民」的政治體制。這種說法是受到北一輝、大川周明的思想影響，從 1930 年櫻會成立，到 1936 年二二六事件，成為居於主導地位的言論主張。石原莞爾等人謀求通過國家機構建立國家總力戰體制，亦以此為口號。

1930 年代，在經濟危機嚴重、廣大農村破產的情況下，法西斯勢力打着「反權鬥」、「反資本」和「救濟農村」的旗號，煽動來自農村的青年下級官兵，狂呼「改造」、「革新」，而美其名曰「昭和維新」。軍部之中，海軍較為開明及守法，陸軍的中堅領導分子則較為頑固和獨斷，並且分為皇道派和統制派。1936 年 2 月 26 日，皇道派青年將校發動政變，要求陸軍首腦果斷地實行國家改造。陸軍當局企圖利用這個時機建立新體制，於是頒佈了《戒嚴令》，但沒有一致的解決方案，而海軍、政界和財界都不支持政變，因而轉向鎮壓。事件平息後，皇道派失勢，統制派取得軍部領導權，進而擴大對政治的干預，遇到不合意的內閣，就不肯派出人選擔任軍部大臣，內閣就要倒台，此舉無異於操控任意廢立內閣的大權。

對外方面，日本於 1936 年宣佈退出倫敦裁軍會

議，開始無限度的武裝競爭，加速走上戰爭之路。1937 年 7 月 7 日蘆溝橋事變發生後，近衛文麿內閣聲稱「不擴大事態」，但軍部不從，兩日後決定向華北增派七個師團，日本進入戰時體制。

2. 戰時的國家總動員

1937 年秋，日本展開國民精神總動員運動；次年 3 月，通過國家總動員法案。戰時日本強制推行政治、文化、教育等各方面的總動員，以提高國內的統一。又仿效德意法西斯，解散一切政黨，成立大政翼贊會，由首相任總裁，都、道、府、縣的知事擔任各地支部長，把居民編入鄰組，把工人、農民、編入各種報國會。

1941 年 12 月 8 日，日軍偷襲美國太平洋艦隊基地珍珠港，同時全面入侵東南亞，太平洋戰爭爆發。未幾香港淪陷，被日軍佔領了三年零八個月。戰爭初期，日軍採用突擊戰術，在不到半年的時間內，入侵馬來亞、荷屬東印度、菲律賓等地，控制了東南亞和西南太平洋地區。

1942 年 5 月 7 日珊瑚島海戰，至翌年 5 月 29 日阿圖島「玉碎」，大約一年左右，日本由攻勢作戰進入爭奪戰階段。其間，1942 年 6 月 5 日的中途島之

戰，和同年 8 月 7 日至翌年 2 月 8 日的瓜島爭奪戰，是兩個主要的轉折點。阿圖島之役後，美英全面反攻；1944 年 6 月開始，持續大規模空襲日本本土，在 1945 年 3 月的大空襲中，東京人口密集地區化為焦土，有近百個城市遭受地毯式轟炸。接着美軍在沖繩島登陸，是太平洋戰爭中最大規模的水陸兩棲作戰，以三個月時間，攻佔了沖繩。1945 年 8 月 6 日及 9 日，美國先後向日本的廣島和長崎投擲原子彈；8 月 8 日，蘇聯向日本宣戰。隨後日本投降，包括中日戰爭和太平洋戰爭在內的第二次世界大戰，於 8 月 15 日宣告全面結束。

3. 被佔領時期和戰後改革

日本投降後，盟軍總司令麥克阿瑟（Douglas MacArthur）將軍於 9 月抵達東京，下達佔領政策：首先，從非軍事化的角度，解除軍隊武裝，裁撤軍事機構；其次，在經濟方面，除去軍需產業，主要措施是財閥解體和農地改革；再者，在民主化方面，包括釋放政治犯、廢除思想警察和彈壓法規。

由於美蘇冷戰，後期改革的方向有所調整，在教育方面達成一定效果，民法的改革亦使社會生活有所改變，包括解放婦女及給予女子職業機會等。

4. 經濟從高速增長到逐漸放緩

戰後日本的經濟發展，大抵與政治狀況是同步的。1945 至 1952 年日本處於被佔領時期，經濟重建和漸次復興，至《舊金山和約》簽訂而獲得一定程度的獨立。1952 至 1964 年，是經濟自立和成長期，自由民主黨的成立，確立了保守陣營的體制。1965 至 1979 年，是經濟持續及穩定期，日本壟斷資本的自立大致上完全達成，美國、日本、韓國三國共同軍事體制的發展，亦是這時期的特點之一。1980 年代以後，是經濟轉緩及低迷期，日本朝着國際化方向邁進，但由於國際經濟競爭激烈，日本對本土投資停滯不前，致使 1990 年代出現泡沫經濟爆破，這情況並且持續了多年。（表 1）

總的來說，昭和時期是一個巨變的時代，前期軍政在當時和戰後都影響深遠，一些歷史上遺留下來的問題至今仍未得到妥善的處理和解決。後期以經濟發展為主軸，社會民生有所改善，但在走向國際社會的過程中，逐漸迷失了戰後初年致力探索和平之路的熱枕、理念和方針。昭和人物的事蹟，殷鑑不遠，不難加以判斷，從中亦可發現潛德之幽光。

表 1　昭和日本歷史分期

時期	時間起訖	說明
擴張時期	1926.12-1937.7	• 1927：金融恐慌，出兵山東。 • 1930：經濟蕭條 • 1933：日本退出國際聯盟
戰爭時期	1937.7 1945.8	• 1937-1945：中日戰爭 • 1941-1945：太平洋戰爭
被佔領時期	1945.9-1952	• 1946：《日本國憲法》 • 進行民主化改革
經濟自立期	1952-1958	• 1952：五十二年安保體制（1952-1960） • 1956-1957：神武景氣
經濟發展期	1958-1964	• 1958-1960：岩戶景氣 • 1960：六十年安保體制（1960-1970） • 1964：奧林匹克景氣
重化工業期	1965-1979	• 1965-1970：伊奘諾景氣 • 1970：七十年安保體制（1970年代以後） • 1970年代：日本經濟轉型
經濟放緩期	1979-1989	• 朝着國際化方向發展

第一章

前期政治與軍事

1923 年發生關東大地震後，大正時代實際上已宣告結束。早在 1920 年代開始的不景氣現象，逐年加深，至 1927 年，東京幾家銀行因發行「不正貸款」，引起信用危機和擠提現象，風潮遍及全國。屬憲政黨的若槻禮次郎內閣要求發佈緊急敕令，但遭軍部、政友會勢力和貴族集團反對，導致內閣倒台。田中義一出任首相後，推行對華侵略政策。

1929 至 1933 年美國的經濟恐慌，擴展至歐洲和世界各地，日本財閥為了渡過難關，拚命開拓中國、東南亞和印度各地的海外市場，並與軍閥勾結，企圖以武力解決問題。九一八事變加速了日本經濟的軍事化，在舊財閥之外還出現了一批新財閥。日本自此走上對外擴張和侵略之路，進入十五年戰爭時期；國家預算逐年膨脹，軍費佔國家總預算越來越大，1931 年九一八事變時是 33%，1937 年七七事變時是 42%，1942 年底太平洋戰爭期間是 75%，1944 年上半年是92%。

1939 年 9 月起，日本政府規定每月 1 日為「興亞奉公日」；太平洋戰爭爆發後，改以每月 8 日為「大詔奉戴日」。日本人民在這一天要粗衣糲食，禁酒絕歡，「自省自肅」，甚至必須以只有一個醃酸梅佐食的「旭日飯盒」用膳。當時國內的共產主義者、自由主義

者、民主主義者,以及和平主義者,都遭受批判、排斥和打擊,直至大日本帝國崩潰。

　　大正時代、昭和前期的政治與軍事,跟當時發生的經濟危機及社會問題是互有關連的。(表2)本應從國內方面着手,尋求解決困難的政策;但斷然以對外擴張為手段,遂至不可收拾。歷史教訓莫過於此。

表2　大正時期至昭和前期經濟狀況

狀況	說明
大戰景氣	1914 至 1918 年第一次世界大戰期間,日本的航運發展和產品輸出,使明治末年的入超轉為出超。
戰後恐慌	戰後西方列強恢復生產力,使日本的紡織業和製絲業陷入困境,1920 年 3 月股價暴跌。
震災恐慌	1923 年 9 月發生關東大地震,當局為擺脫震災危機而頒佈的政令帶來大量後遺症。
金融恐慌	1927 年鈴木商店出現經營問題,若槻內閣向台灣銀行特別融資策劃失敗倒台。
世界恐慌	1929 年 10 月,日本黃金在兩年間大量外流。
昭和恐慌	農村發生多宗小作爭議,女性賣身成為社會問題,國家改造運動興起。

1.1 若槻禮次郎：昭和初年的總理大臣

1. 以憲政會總裁身份組閣

若槻禮次郎（1866-1949），政黨政治家。島根縣人。東京帝國大學畢業，歷任大藏省主稅局長、大藏次官、大藏大臣等職。1912 年加入立憲同志會。1916 年與中正會、公有俱樂部聯合成立憲政會。1924 至 1926 年間，若槻禮次郎任加藤高明內閣內務大臣時，參與制定《普通選舉法》和《治安維持法》。1926 年 1 月至 1927 年 4 月任總理大臣。

1930 年，若槻禮次郎作為日本首席代表，出席倫敦海軍裁軍會議。次年任立憲民政黨總裁，並再度組閣；1931 年 4 至 12 月，任總理大臣。其後以重臣身份活躍於政壇。太平洋戰爭時，反對日美開戰；戰爭末期，參加反對東條英機內閣運動。著有《明治·大正·昭和政界秘史》、《古風庵回憶錄》。

2. 若槻禮次郎內閣（第一次）

1926 年 2 月底加藤高明去世後，若槻禮次郎出任憲政會總裁並組織內閣。第二次加藤內閣全體成員留任，軍部和政友會指責幣原外務大臣的所謂對華軟弱

外交，內閣與政友本黨合作，在議會中渡過了難關。

　　但大藏大臣片岡直之前曾於 1927 年 3 月在議會中失言，以此為開端發生金融危機。台灣銀行對鈴木商店的不正當貸款被揭發，政府提出的救濟台灣銀行敕令案，因軍部和政友會的策劃，被樞密院否決，內閣因而總辭，由政友會的田中內閣取而代之。

3. 若槻禮次郎內閣（第二次）

　　總理大臣濱口雄幸去世後，若槻禮次郎出任民政黨總裁，繼續組閣，由 1931 年 4 至 12 月任總理大臣。內閣實施削減財政和整頓行政，但這些措施，連同外務相幣原喜重郎的外交，都受到軍部和政友會的指責。

　　同年 9 月，九一八事變發生後，日本政府雖然採取不擴大事態的方針，陸軍卻擴大戰事，當中還有一些人策劃十月事件。內務大臣安達謙藏發起協調內閣運動，旨在謀求政黨、官僚、軍部一體化。但內閣意見不一，於 12 月總辭職，由犬養毅內閣接任。

【人物群像】

■安達謙藏：發起協調內閣運動

安達謙藏（1864-1948），政治家。熊本縣人。早年就讀於忍濟學舍和濟濟黌，後與日本浪人合作，在朝鮮釜山創辦《朝鮮時報》，又創辦《漢城新報》。1896年在熊本任國權黨黨務委員，1902年當選為眾議院議員，以後連續當選。

1913年，安達謙藏加入桂太郎組織的立憲同志會；1924年，在加藤高明為首的護憲內閣任遞信大臣。其後於第一次若槻內閣任通信大臣，在濱口內閣和第二次若槻內閣任內務大臣。1931年九一八事變後，安達謙藏倡導親軍部的協力內閣運動，致使若槻內閣倒台，他並且脫離民政黨。次年組成國民同盟及任總裁。後於1941年參加翼贊議員同盟。戰後遭褫奪公職。

■廣田弘毅：積極推行侵華外交

廣田弘毅（1878-1948），外交官。福岡縣人。東京帝國大學政治科畢業，入外務省，曾任駐蘇聯大使。1933年出任齋藤內閣外相，在岡田內閣中留任。1936年二二六事件後，於3月組閣，出任總理大臣，積極推行對華侵略政策，締結《日德防共協定》和《日意協定》。次年1月，政友會議員濱田國松發表批判軍部的演說，致使政黨與軍部的對立表面化。陸軍大臣寺內壽一要求解散議會，政黨出身的閣僚表示反對，內閣因而總辭職。

其後廣田弘毅出任第一次近衛內閣外相，在日軍

攻佔中國南京後，企圖通過外交途徑使中國國民政府妥協，結果失敗。1942 年出任駐泰國大使，在日本戰敗前夕，與蘇聯駐日大使馬利庫進行和平交涉未成。戰後列為甲級戰犯，被判死刑。

■平沼騏一郎：司法界的實權人物

平沼騏一郎（1867-1952），昭和前期官員。岡山縣人。東京帝國大學法科畢業，入司法省工作，歷任檢事總長、大審議長、司法大臣及樞密院顧問官、副議長、議長等職，是司法界實權人物。他又組織右派團體國本社，對抗社會主義運動。

1939 年 1 月，平沼騏一郎組閣。對內提倡國民精神總動員運動；對外積極主張締結日、德、意軍事同盟，但因無力應付歐洲新形勢，於同年 8 月被逼辭職。在第二次、第三次近衛文麿內閣中，平沼騏一郎出任國務大臣。戰後列為甲級戰犯，判處終身監禁，在獄中病逝。

■近衛文麿：貴族出身的首相

近衛文麿（1891-1945），宮廷貴族政治人物。出身五攝家（可任攝政的公卿門第）之首的貴族家庭，是近衛篤麿的長子。京都帝國大學法學部畢業，歷任貴族院議員、副議長、議長。1937 至 1941 年間三次組閣，任內發動全面侵華戰爭，聲言要「建設東亞新秩序」。對內方面，開展國民精神總動員運動，推進新體制運動，成立大政翼贊會。對外方面，締結日、德、意三國同盟，入侵印度支那半島，並決定對美國、英國開戰的方針。

1944 年，近衛文麿因恐怕戰爭失敗會危及皇室，策劃打倒東條內閣和結束戰爭。1945 年日本戰敗投降後，他成為甲級戰犯，服毒自殺。有《近衛文麿清談錄》。

■木戶幸一：推薦東條英機繼任首相

木戶幸一（1889-1977），官僚、內大臣。木戶孝允之孫，生於東京。畢業於京都帝國大學法學部，初時在農商務省、商工省任職；1930 年任內大臣秘書長，與元老西園寺公望接近。1937 年後，歷任文部大臣、厚生大臣、內務大臣，1940 年任內大臣。

1941 年 10 月，第三次近衛內閣辭職後，木戶幸一主持重臣會議，推薦東條英機繼任首相。其後參加反東條運動，策劃結束戰爭。日本戰敗投降後，木戶幸一被列為甲級戰犯，判處無期徒刑，1955 年獲釋。

1.2 田中義一：推行對華侵略政策

1. 陸軍長州派軍閥代表

田中義一（1864-1929），昭和前期陸軍大將、軍人政治家。長州藩士出身。陸軍大學畢業，參加中日甲午戰爭和日俄戰爭，歷任陸軍省軍事課課長、軍務局局長、參謀次長等職。他主張擴充陸軍，組織帝國

在鄉軍人會，屬軍國主義團體。1918 至 1921 年擔任陸相期間，策劃武裝干涉俄國革命，出兵西伯利亞。山縣有朋去世後，他成為陸軍長州派軍閥代表。

1925 年，田中義一退役從政，任政友會總裁。1927 年組閣，由這年 4 至 7 月任總理大臣，並兼任外相、拓相，積極推行對華強硬外交的侵略政策，主持召開東方會議，三次派兵到中國山東，阻止國民革命軍北伐，藉此維護和擴大日本在中國東北的殖民權益。北洋奉系軍閥首領張作霖被炸死的事件發生後，田中義一遭到譴責，在國內外反對下辭職，由濱口雄幸內閣接替。

2.《田中奏摺》的滿蒙政策

《田中奏摺》是指日本首相田中義一向天皇上奏關於滿蒙政策的奏摺，其根本方針是：「惟欲征服支那，必先征服滿蒙；如欲征服世界，必先征服支那。」並且列舉了征服和經營滿蒙的具體內容，總共二十一項，包括獲取礦山、鋪設鐵路、向內蒙派遣間諜、遷入朝鮮移民等。

《田中奏摺》的中譯，最初在 1929 年 12 月南京出版的《時事月報》第一卷第二期刊登，據稱是一名日籍華人從日本皇室書庫中偷抄出來，分批傳回中

國，中譯本刊出後，廣為流傳。奏摺的內容，與 1927年 7 月舉行的東方會議，在精神上是一致的；奏摺列出的侵略步驟，見諸此後日本的侵華行動，亦可加以印證。由於《田中奏摺》的日文原件沒有找到，日本官方矢口否認有此文件，至今仍有爭議。

3. 東方會議的對華政策

東方會議於 1927 年 6 月 27 日至 7 月 7 日在東京召開，是田中內閣制定侵華方向的一次會議。日本外務省、陸軍省、海軍省、朝鮮總督府、關東廳、參謀本部官員，及駐華公使、總領事等出席了會議。會議制定《對華政策綱領》八條，企圖「確保滿蒙」處於「特殊地位」，使日本成為主宰；又準備隨時出兵，干涉中國革命。據說《田中奏摺》就是在會上擬定的。

【人物群像】

■石原莞爾：陸軍參謀人員

石原莞爾（1889-1949），昭和前期陸軍中將。山形縣人。舊武士家庭出身。1918 年畢業於陸軍大學，次年

加入日蓮宗的國柱會。1922 至 1925 年留學德國，回國後任陸軍大學教官。1928 年任關東軍參謀，是九一八事變和「滿洲國」的主要策劃者之一。

1935 年，石原莞爾入參謀本部，任作戰課長、第一部部長等職，主持制訂對蘇作戰計劃。1937 年升為少將，調任關東軍副參謀長，因與參謀長東條英機不睦，改任舞鶴要塞司令。1939 年升中將，1941 年轉入預備役，次年任立命館大學教授，組織東亞聯盟，鼓吹「世界最終戰爭論」。戰後，又鼓吹「超階級的政治」。

■森恪：主持東方會議

森恪（1882-1932），實業界政治人物。大阪人。1900 年畢業於東京商工中學，次年到中國任三井物產公司上海支店見習生，先後在上海、長沙、漢口、天津、北京等地支店供職，逐漸擔任對華投資及獲取權利等重要工作。

1913 年，森恪創設中國興業公司（其後為日中實業公司），自任董事。後來轉向政界，與桂太郎等政府要人接觸，1918 年加入政友會，任幹事、顧問及田中內閣外務政務次官，主持東方會議，後來又擔任犬養內閣書記官長等職。森恪主張政黨與軍部攜手，採取侵華政策。

■板垣征四郎：關東軍參謀長

板垣征四郎（1885-1948），昭和前期陸軍大將。生於岩手縣的士族家庭。1916 年畢業於陸軍大學，次年由參謀本部派到中國昆明；1924 年任駐中國公使館副武官，駐留北平。1929 年任關東軍高級參謀，與石原莞爾

同為製造九一八事變的主謀。1934 年任「滿洲國」軍政部最高顧問。1936 年任關東軍參謀長，次年任第五師團師團長。1937 年侵略華北時，曾遭八路軍痛擊。

1938 年中，板垣征四郎任近衛內閣、平沼內閣的陸軍大臣；次年 9 月，任中國派遣軍總參謀長等職。1941 年升為大將，任朝鮮軍司令官。1945 年任第七方面軍司令官，旋調任第十七方面軍司令官。日本戰敗後，遠東國際軍事法庭於 1948 年底判決板垣征四郎為甲級戰犯，處以絞刑。

■赤松克麿：戰時為軍部效力

赤松克麿（1894-1955），政治活動人物。山口縣人。1918 年，他在東京帝國大學與宮崎龍介等創立新人會；次年，任日本勞動總同盟幹部。1922 年日本共產黨成立時入黨，關東大震災後，日共遭受鎮壓，他力主解散共產黨並退黨。1924 年後，成為勞動總同盟右派理論的代表人物。1926 年創立社會民眾黨，1930 年任書記長。

九一八事變後，赤松克麿追隨軍部，創立日本國家社會黨，任黨務長。1937 年當選為眾議員，並任日本革新黨黨務長。他接受石原莞爾的密令，到中國執行軍部使命。1940 年，成為聖戰貫徹議員同盟的中心人物。大政翼贊會成立後，任企畫部部長，為日本對外侵略和擴張效力。戰後，被剝奪公職資格。著有《日本社會運動史》等。

1.3 宇垣一成：消極對待三月事件

1. 奉命組閣遭陸軍反對

宇垣一成（1868-1956），昭和前期陸軍大將。生於岡山縣。陸軍大學畢業，歷任陸軍省軍事課課長、參謀本部第一部部長、總務部長、教育總監本部部長、陸軍次官等職。1924 至 1927 年，連任清浦、加藤高明、第四次若槻內閣的陸軍大臣，致力裁軍及軍隊近代化。

1931 年，少壯軍人橋本欣五郎等企圖發動三月政變，擁戴宇垣一成組閣，遭他拒絕。同年宇垣一成任朝鮮總督。1937 年曾奉命組閣，因陸軍反對而作罷；次年任近衛內閣的外務大臣，又兼拓務大臣，企圖進行「對華和平工作」，後因反對成立興亞院而辭職。戰後，宇垣一成於 1953 年參議院議員選舉時，以全國最高票數當選。

2. 三月事件的來龍去脈

三月事件是少壯軍人最早預謀發動的武裝政變計劃，擬由大川周明等於 1931 年 3 月 20 日動員一萬名群眾包圍議會，引起騷亂，軍隊乘機介入，逼使內閣

辭職，進而宣佈建立以陸軍大臣宇垣一成為首的軍部法西斯政權。

這個計劃得到參謀次長二宮治重和參謀本部第二部部長建川美次等的支持，但因櫻會內部意見不一，宇垣一成態度消極，政變未遂。軍部不追究事件主謀者，也不予以處分，一直保密到戰爭結束後，此事才為外界所知。

【人物群像】

■阿部信行：陸軍宇垣派將領

阿部信行（1875-1953），昭和前期陸軍大將。石川縣人。陸軍大學畢業，歷任參謀本部總務部部長、陸軍省軍務局局長、次官、代理陸軍大臣、第四師團師團長、台灣軍司令官、軍事參議官，屬陸軍宇垣派。1936年二二六事件後，編入預備役。

1938年8月，阿部信行繼平沼內閣後組閣，對外採取不介入第二次世界大戰和自主處理侵華戰爭的方針；對內則加強戰時體制，擴大軍需生產。由於內外政策均失敗，失去軍部支持，在任僅四個半月，於1940年1月被逼辭職。在日本戰敗前，歷任駐華特派全權大使、翼贊政治會總裁、朝鮮總督等職。戰後被補，未幾獲釋。

■荒木貞夫：陸軍皇道派頭目

荒木貞夫（1877-1966），昭和前期陸軍大將。東京人。陸軍大學畢業。1918 年日本出兵西伯利亞時，他任派遣軍參謀，其後，歷任參謀本部第一部部長、陸軍大學校長、教育總監本部長等職。

1931 年，荒木貞夫任犬養毅內閣陸軍大臣，主張擴充軍備，準備對蘇作戰，並支持關東軍發動九一八事變，成為皇道派主要頭目。1936 年二二六事件後，被編入預備役。後任近衛內閣文部大臣。戰後，荒木貞夫列為甲級戰犯，被遠東軍事法庭判處無期徒刑，1954 年因病假釋。

■真崎甚三郎：糾集少壯軍人形成皇道派

真崎甚三郎（1876-1956），昭和前期陸軍大將。佐賀縣人。陸軍大學畢業，歷任陸軍士官學校校長、台灣軍司令官、參謀次長等職。1934 年，真崎甚三郎任教育總監兼軍事參議官，與荒木貞夫等糾集少壯軍人，形成皇道派。1935 年被統制派免職，成為翌年二二六事件的導因。

事件發生後，真崎甚三郎以協助叛亂嫌疑被捕，翌年被判無罪。戰後，作為戰犯監禁兩年。

■小磯國昭：無法扭轉戰局的總理大臣

小磯國昭（1880-1950），昭和前期陸軍大將。栃木縣人。陸軍大學畢業，參謀本部派遣他到中國東北等地從事間諜活動。1927 年，擔任航空本部總務部部長；1929 年任陸軍省整備局局長，翌年任軍務局局長。1932

年任陸軍次官，同年調任關東軍參謀為特務部部長，指揮日軍侵佔中國熱河省。1935年改任朝鮮軍司令官。

1938年，小磯國昭編入預備役後，任平沼內閣、米內內閣拓務大臣。1942年任朝鮮總督。1944年7月，繼東條英機後組閣，出任內閣總理大臣至1945年4月。他設立最高戰爭指導會議，實行一元化領導，力圖扭轉戰局未果。戰後列為甲級戰犯，被遠東軍事法庭判處終身監禁，在獄中病逝。著有自傳《葛山鴻爪》。

■田中隆吉：披露戰時軍部內幕

田中隆吉（1893-1972），昭和前期陸軍少將。島根縣人。先後畢業於陸軍士官學校和陸軍大學，在參謀本部任織。1927至1932年間，在中國北京、張家口、上海等地從事情報活動，參與策劃一二八事變、綏遠事件、張鼓峰事件。他與川島芳子曾有密切關係。

1940年，田中隆吉升上將，任第一軍參謀長、兵務局局長。因與東條英機不和，1942年編入預備役。1945年3月復役，任羅津要塞司令官。日本戰敗後，田中隆吉撰寫了《日本軍閥暗鬥史》、《裁判歷史 ── 敗戰秘話》等。1946年作為主要證人之一，在遠東軍事法庭作證，對戰時軍部內幕多所披露，引起輿論哄動。裁判結束後隱居，一度自殺未遂。

1.4 東條英機：發動太平洋戰爭

1. 出任關東軍參謀長

東條英機（1884-1948），昭和前期陸軍大將、軍國主義者。原籍岩手縣，生於東京。陸軍中將東條英教長子。經陸軍幼年學校，1905 年畢業於陸軍士官學校。1915 年陸軍大學畢業後，歷任駐德武官、陸軍大學教官，1928 年任陸軍省整備局動員課課長，1931 年任參謀本部編制動員課課長。

在陸軍系統中，東條英機屬統制派；1935 年永田鐵山被皇道派刺殺後，他逐漸成為重要角色。（表3）1935 年 9 月，任關東軍憲兵司令兼關東局勤務部部長，鎮壓中國東北的抗日運動，1937 年 3 月任關東軍參謀長。七七事變發生後，他統率關東軍察哈爾兵團侵佔察哈爾省，攻佔張家口、大同、包頭。次年 5月，調回陸軍省，任次官，掌握實權；同年，任航空本部部長兼航空總監部部長，實行擴充空軍力量。

1940 年 7 月，東條英機任第二次近衛內閣陸軍大臣；1941 年 7 月，連任第三次近衛內閣陸軍大臣。他在內閣會議上反對從中國撤兵，逼使近衛文麿倒台。東條英機於 10 月 18 日組成內閣，以總理大臣兼任陸

軍大臣和內務大臣，對內壓制輿論，對外積極準備發動太平洋戰爭。12 月 1 日決定對美英開戰；12 月 8 日，聯合艦隊偷襲美國珍珠港。

東條英機更於 1943 年 11 月設軍需省，自兼軍需大臣。1944 年 2 月兼參謀總長，掌握陸軍省與參謀本部的全部權力。海軍大臣嶋田繁太郎兼軍令部部長，對他唯命是從。同年 6 月，日軍於馬利亞納海戰戰敗，日本本土進入美軍空襲圈內，東條英機在多方指責下，於 7 月 18 日免去參謀總長職，7 月 22 日倒閣。但他仍主張堅決作戰到底。日本投降後，東條英機自殺未遂。1948 年 11 月列為甲級戰犯，被遠東國際法庭判處絞刑。

表 3　日本陸軍派系與二二六事件

統制派
與財界勾結，以構築總力戰體制為目的，屬現實派。
代表人物： • 永田鐵山 • 東條英機
二二六事件的結果：以統制派為主體的軍部，一舉掃除皇道派，加強了政治發言權。

皇道派
以天皇親政、策劃樹立軍事國家為目的，屬精神主義的急進派。
代表人物： • 荒木貞夫 • 真崎甚三郎
二二六事件的結果：青年將校等人依賴荒木、真崎等的工作，期待實現天皇親政，結果反而變成叛亂部隊而被鎮壓。

主要行動
• 1935 年 8 月，永田鐵山被皇道派青年將校暗殺。 • 統制派決定將皇道派巢窟的第一師團移駐中國東北 • 皇道派青年將校等決定起事

二二六事件（1936）
• 政變部隊襲擊首相官邸及警視廳等地方 • 藏相高橋是清、內大臣齋藤實、教育總監渡邊錠太郎被殺，侍從長鈴木貫太郎重傷。

2. 太平洋戰爭的經過

第二次世界大戰期間，日本為了排擠和奪取美、英、荷等西方列強在太平洋上的利益，於 1941 年 12 月 7 日偷襲珍珠港，太平洋戰爭爆發，第二次世界大戰從歐洲蔓延至亞洲。

從 1941 年冬季到 1942 年夏季，日軍先後侵佔馬來亞、新加坡、緬甸、菲律賓、印度尼西亞、關島、

威克島、新幾內亞一部分、阿留申群島及太平洋上其他許多島嶼。

1943年，美國及其同盟國英、法、荷、澳和新西蘭開始反攻，在太平洋進行島嶼爭奪戰。1944年10月，美軍開始在菲律賓登陸；1945年2月，在硫磺列島登陸。同年4月進攻琉球群島，並加強轟炸日本。與此同時，中國的抗日戰爭亦予日本以沉重打擊。

德國於5月投降後，日本完全陷於孤立局面。8月6日及9日，美國在廣島、長崎投下兩枚原子彈。8月8日，蘇聯對日本宣戰。8月15日，日本宣佈無條件投降；9月2日簽訂投降書，第二次世界大戰結束。

【人物群像】

■永田鐵山：陸軍統制派核心人物

永田鐵山（1884-1935），昭和前期陸軍將將。長野縣人。陸軍大學畢業，歷任陸軍省軍事課課長、參謀本部第二部部長、陸軍省軍務局局長等職，在軍部內是統制派核心人物。因壓制皇道派，1935年10月在軍務局長室，被皇道派軍官相澤三郎刺死。追贈陸軍中將。

■林銑十郎：擅自出動軍隊的「越境將軍」

林銑十郎（1876-1943），昭和前期陸軍大將。石川縣人。陸軍大學畢業，留學德國。歷任東京灣要塞司令員、陸軍大學校長、近衛師團師團長等職。1930年任朝鮮軍司令官。九一八事變時，林銑十郎與關東軍配合，擅自出動軍隊，入侵中國東北，因而被稱為「越境將軍」。

1934年，林銑十郎任陸軍大臣，支持統制派，罷免皇道派真崎甚三郎的教育總監職務，同時攻擊天皇機關說。1937年2月組閣，任內閣總理大臣，提出「祭政一致」的政綱，企圖建立一黨一國的法西斯體制，遭到強烈反對，於同年5月被逼辭職，在任僅一百二十三日。

■星野直樹：操縱「滿洲國」

星野直樹（1892-1978），昭和前期官員。東京人。1917年東京帝國大學法學部畢業，入大藏省；1932年，派到「滿洲國」財務部任職。1936年底任「滿洲國」國務院總務長官，與岸信介等共同謀劃「戰時經濟統制」，成為「滿洲國」的實際操縱者。

1940年星野直樹調任企劃院總裁，次年任貴族院敕選議員；同年東條英機組閣，他出任內閣書記官長。日本戰敗後，星野直樹以戰犯身份被判無期徒刑，至1958年獲釋。此後曾任東急旅社聯營公司董事長、旭海運公司社長等職。

■松岡洋右：締結德、日、意三國同盟

松岡洋右（1880-1946），昭和前期外交官。生於

山口縣。少年時赴美國，畢業於俄勒岡大學後，入外務省，歷任駐中、美等國外交官，及出席國際會議代表。1921 年退職，任南滿洲鐵道會社理事；1927 年任副總裁，1930 年當選為政友會議員。

1933 年，松岡洋右作為全權代表，出席在日內瓦召開的國際會議；因大會通過對日勸告案，日本宣佈退出國際聯盟。回國後，松岡洋右鼓吹取消政黨，並與軍部勾結，積極推進對外侵略政策。1937 年任南滿洲鐵道會社總裁。1940 年任第二次近衛內閣的外務大臣，締結德、日、意三國同盟；次年，與蘇聯簽訂《日蘇中立條約》。德蘇開戰後，松岡洋右主張對蘇作戰，並反對日美會談；因與近衛文麿對立，同年退出內閣。日本戰敗後，他以甲級戰犯被捕，審訊期間在獄中病逝。

■甘粕正彥：長時間在中國東北活動

甘粕正彥（1891-1945），昭和前期警務人員。宮城縣仙台市人。陸軍士官學校畢業，1921 年升為憲兵大尉。1923 年關東大地震時殺害無政府主義者大杉榮夫婦，判處十年徒刑；1926 年提早釋放，次年以軍費到法國。1929 年返國，在大川周明支持下，到中國東北與關東軍共同策劃建立「滿洲國」，曾任「滿洲國」民政部警務司司長、協和會中央本部總務部部長、「滿洲國」電影公司理事長，長時間在中國東北進行殖民統治活動。1945 年 8 月日本戰敗投降時自殺。

1.5 松井石根：製造南京大屠殺

1. 多次被派到中國

松井石根（1878-1948），昭和前期陸軍大將。愛知縣人。陸軍士官學校畢業。在陸軍大學就讀期間，曾參加日俄戰爭。1906年陸軍大學畢業後，入參謀本部。次年至1911年，在中國歷任廣州、上海領事館武官及駐華公使館武官等職。1913年，他被派到越南；1914至1915年，被派到歐美各國。1915至1919年再到中國，1919年調回日本任聯隊隊長。1921年任海參崴派遣軍參謀，次年任哈爾濱特務機關機關長。

1924年，松井石根調回國任旅團長，次年至1928年任參謀本部第二部部長。1929年任師團長，1931年出席日內瓦裁軍會議。1933年升為陸軍大將，本年至1934年任台灣軍司令官，次年編入預備役。1937年中日戰爭爆發後，被重新起用，任上海派遣軍司令官，率軍猛攻上海；又被任為華中方面軍司令官，仍兼前職。同年12月，率軍攻佔南京，製造南京大屠殺，殺害三十萬中國人。次年在國際輿論下免除軍職，回國後任內閣參議。日本戰敗後，松井石根在遠東國際軍事法庭受審，1948年底被判處絞刑。

2. 南京大屠殺

南京大屠殺是日本侵華期間的嚴重暴行。1937年 12 月 13 日，在華中方面軍司令官松井石根指揮下，日軍侵佔南京後，大肆燒殺淫掠，屠殺戰俘和平民三十萬人，全市有三分之一的房屋被焚。日本投降後，松井石根被處以絞刑。1985 年，南京市人民政府設立侵華日軍南京大屠殺遇難同胞紀念館，館址在南京城西南江東門。現時將每年 12 月 13 日定為國家公祭日。

【人物群像】

■土肥原賢二：率軍入侵馬來亞和印尼

土肥原賢二（1883-1948），昭和前期陸軍大將。岡山縣人。1904 年畢業於陸軍士官學校，1912 年畢業於陸軍大學，次年到中國，長期在各地從事特務活動。1918年任黑龍江督軍顧問。1921 年赴歐洲考察軍事，1923 至1926 年在北京坂西公館任職。1928 年參與策動華北五省自治，其後又在冀東策動成立冀東防共自治政府。1936年升為陸軍中將。

1937 年七七事變爆發，次年成立直屬大本營的特

務機關「土肥原機關」。1939年土肥原賢二任關東軍第五軍司令官，次年晉升大將。1941年任陸軍航空總監。其後作為第七方面軍司令官，駐紮新加坡，指揮侵略馬來亞、印尼等國的軍事行動。1945年4月回國，歷任教育總監、第十二方面軍司令官兼第一軍司令官。戰後以甲級戰犯被捕，1948年被遠東國際軍事法庭列為甲級戰犯，處以絞刑。

■山下奉文：號稱「馬來之虎」

山下奉文（1885-1946），昭和前期陸軍軍人、大將。高知縣人。陸軍大學畢業，入參謀本部。1919年起，駐留瑞士、德國三年。1927年任奧地利大使館兼匈牙利公使館武官，其後歷任陸軍省軍部局軍事課課長、北支那方面軍參謀長、航空總監等職。1940年任派遣德國航空視察團團長，調查德國機甲部隊。

1941年以降，山下奉文任關東防衛軍司令官和第一、第二方面軍司令官。1942年率部攻佔馬來半島和新加坡，號稱「馬來之虎」。1944年轉赴菲律賓戰場，在山區頑抗到日本宣佈投降後，他才出山投降。其後作為乙級戰犯關押入獄，被美軍在馬尼拉設立的軍事法庭判處絞刑。

■岡村寧次：實行「三光政策」

岡村寧次（1886-1966），第二次世界大戰期間日本侵華派遣軍總司令。東京人。陸軍士官學校、陸軍大學畢業，歷任參謀本部中國課課長、駐華使館武官、步兵聯隊聯隊長等職。1925至1937年間，任直系軍閥孫傳

芳軍事顧問。此後一直在華活動，並從下級軍官升至陸軍大將。

1928年，岡村寧次製造濟南慘案，屠殺中國軍民。1932年任侵華上海派遣軍副參謀長，參與進犯上海的一二八事變。後任日本關東軍副參謀長，兼駐「滿洲國」大使館武官。1933年代表日本政府，與國民政府簽訂《塘沽協定》。

其後，岡村寧次歷任日軍第十一軍、華北方面軍、第六方面軍司令官和中國派遣軍總司令等職。侵略中國期間，實行「三光政策」（燒光、殺光、搶光），殘害中國軍民。日本戰敗後，岡村寧次代表中國戰區的日軍在投降書上簽字。

國共內戰期間，岡村寧次曾充當蔣介石的秘密最高軍事顧問。1949年1月國民政府宣判他「無罪」，釋放回國。1950年，被聘為台灣軍事實踐研究院高級軍官。1955年擔任戰友聯（日本舊軍人組織）副會長，1957年任日本鄉友會聯盟會長。

■磯谷廉介：香港佔領地總督

磯谷廉介（1886-1967），昭和前期陸軍中將。兵庫縣人。曾參與台兒莊戰役、諾門罕戰役。香港日佔時期總督。戰後被南京軍事法庭起訴審判。裁定為戰犯，並處以無期徒刑，後轉交東京法庭，1952年獲釋放。

1942年4月，日本宣佈香港為佔領地，任命磯谷廉介為香港佔領地總督、平野茂為副總督，任內成立區役所，實行戶籍調查及管理物資配給，市民每人每日配米六兩四，這年年中全港約有一百家白米配給所。到了第

二年 2 月以後，每人每月只獲配給糙米十二斤、麵粉六兩，而且價格上升了一倍多。

　　1943 年 6 月底，佔領地總督部宣佈停止使用港幣，並限令市民改為港幣以四比一兌換軍票。次年 2 月，磯谷廉介調任台灣總督，日軍南支派遣軍司令官田中久一（1889-1947）兼任香港佔領地總督。4 月 15 日，因米糧缺乏而宣佈取消配給制度，改由米商運米入口供應，導致日常生活用品價格不斷上升。7 月間又因燃料缺乏，以致電力廠不能發電，全港電燈無光，電車亦要停駛。不久之後，電廠改以柴代煤發電。這年 12 月底，日本佔領香港踏入第三年的時候，社會幾陷於停頓，市民生活艱困達到極點。香港淪陷的苦難日子，到日本戰敗投降後才結束。

1.6 山本五十六：聯合艦隊司令長官

1. 歷任海軍要職

　　山本五十六（1884-1943），昭和前期海軍大將。新潟縣人。本姓高野，藩士家庭出身；過繼山本家，其嗣父時為五十六歲，因以為名。1904 年畢業於海軍兵學校，參加日俄戰爭；1910 至 1911 年在海軍大學肄業，畢業於炮術學校。1914 至 1915 年，再入海軍

大學學習。其後任海軍參謀，在軍務課工作。

1919 至 1921 年，山本五十六留學美國哈佛大學；1923 至 1924 年被派到歐美各國考察，1925 年任駐美大使館武官。其後任五十鈴號、赤城號艦長，1929 年作為隨員參加倫敦海軍裁軍會議。1930 年任海軍航空本部技術部部長，1933 年任第一航空戰隊司令官，致力發展海軍航空部隊；1934 至 1935 年作為海軍代表，參加倫敦裁軍會議。

1935 年，山本五十六任航空本部部長；翌年任海軍次官，1938 年兼航空本部長。其間，他曾反對日、德、意三國同盟。1939 年 8 月，山本五十六任聯合艦隊司令長官，並兼第一艦隊長官，1940 年晉升大將。

1941 年 9 月，山本五十六提出「Z 號」作戰計劃，企圖偷襲美國珍珠港等基地；11 月 3 日，該計劃獲批准後，即於 5 日向艦隊下達第一號作戰命令。同月 22 日，機動艦隊在擇捉島單冠灣集結；25 日下令向夏威夷進發，並於 12 月 8 日偷襲珍珠港。其後，山本五十六又指揮多次海空戰。1943 年 4 月，他乘坐軍用專機在南洋巡視，從拉包爾出發，在所羅門上空被美軍擊斃。死後追贈元帥。

2. 偷襲珍珠港經過

由於日本發動全面侵華戰爭，國內政治和經濟陷入嚴重困難境況。為了掠奪東南亞的資源，及打擊美英國家在東方的勢力，在日本聯合艦隊策劃下，於1941年組成機動部隊，從北方的擇捉島單冠灣出發，秘密靠近美國的夏威夷。12月8日晨3時19分（夏威夷時間7日上午7時49分），日本飛機一百八十三架突然偷襲瓦胡島珍珠港的美國海軍基地；日本的第二批飛機一百七十一架，繼續進行攻擊。

美軍毫無準備，有六艘戰艦、一艘重巡洋艦、兩艘油船被擊沉；另有兩艘戰艦、一艘重巡洋艦、六艘乙級巡洋艦、三艘驅逐艦和三艘補助艦，遭到嚴重破壞或損傷。陸海軍飛機遭擊毀的有三百架；人員死亡兩千四百零三名，重傷一千一百七十八名。日本機動艦隊司令南雲忠一認為已經達到預期目的，全速向北方退去。在開戰一小時後，日本駐美大使野村吉三郎始向美國方面遞交最後通牒，日本不宣而戰，實屬違反國際公法。翌日，美英對日宣戰，太平洋戰爭開始。

【人物群像】

■南雲忠一：率領艦隊偷襲珍珠港

南雲忠一（1887-1944），昭和前期海軍將領。山形縣米澤市人。太平洋戰爭時，任日本聯合艦隊第一航空艦隊司令長官，率領艦隊參與偷襲珍珠港，因而聞名。1944年7月6日，中途島海戰時，在北馬利安納群島的塞班島喪生。他曾獲旭日章、金雞勳章，死後追晉海軍大將。

■鈴木貫太郎：暗中籌劃結束戰爭

鈴木貫太郎（1867-1948），昭和前期海軍大將。千葉縣人。海軍大學畢業。曾參加中日甲午戰爭和日俄戰爭，歷任海軍省次官、聯合艦隊司令長官、軍令部部長等職；1929年轉入預備役，任天皇侍從長。在1936年二二六事件中，遭到襲擊並受重傷。其後任樞密院議長。

1945年4月，鈴木貫太郎任內閣總理大臣，一面高調揚言「本土決戰」和「一億玉碎」，一面暗中籌劃結束戰爭。8月10日，主持御前會議，決定在維持國體的前提下投降。戰後再度出任樞密院議長。

■米內光政：歷任海軍大臣

米內光政（1880-1948），昭和前期海軍大將。岩手縣人。海軍兵學校畢業，歷任海軍要職，1936年任聯合艦隊司令長官。1937年後，歷任林銑十郎內閣、近衛文麿內閣、平沼騏一郎內閣的海軍大臣，策劃上海的

八一三事變，主張出兵華中，用武力征服中國。

1940 年 1 月，米內光政組閣，任內閣總理大臣，加強統制經濟，並扶植汪偽政權；因有親美英傾向，反對締結日、德、意三國同盟，引起陸軍不滿，於同年 7 月辭職。1944 年 7 月起，出任小磯國昭內閣、鈴木貫太郎內閣、東久邇稔彥內閣的海軍大臣，主張盡早結束戰爭。

1.7 北一輝：日本法西斯運動領導人

1. 宣揚國家主義理論

北一輝（1883-1937），昭和前期政治活動人物。本名輝次郎。新潟縣佐渡人。早稻田大學旁聽生，1906 年自費出版《國體論及純正社會主義》，頗有影響，但遭禁止。他曾以黑龍會成員身份，加入中國革命同盟日本人支部，結識宋教仁，參加中國辛亥革命。

1913 年北一輝回國後，於 1916 年出版《支那革命外史》。再次到中國時，在經歷了五四運動後，把注意力轉向日本國內，1919 年在上海寫成《日本改造法案大綱》，鼓吹以天皇為頂點的法西斯主義理論，對少壯派軍人影響很大。次年返回日本後，與大川周

明、西田税等組織法西斯右派團體猶存社、行地社、士林莊等，糾集陸軍少壯派軍人，參與法西斯主義政變，包括三月事件和十月事件。1936 年發生二二六事件，他被認為是幕後策劃者和指揮者，次年被判處死刑。

2.《日本改造法案大綱》

北一輝撰寫的《日本改造法案大綱》原名《國家改造原理大綱》，1919 年定稿，1923 年改名《日本改造法案大綱》，是日本法西斯主義者奉行的經典著作。初由猶存社刻寫印刷，被禁；1924 年解禁，由改造社出版。

此書內容包括八項：（一）國民的天皇；（二）私有財產限度；（三）土地處分三原則；（四）國家統一大資本；（五）工人權利；（六）國民生活權利；（七）朝鮮等現在及將來擴張領土改造方針；（八）國家權利。書中宣揚日本的使命，是在激烈的國際鬥爭中建立「亞洲聯盟」，進而「執世界聯盟之牛耳」，為此必須實行「國家改造」。北一輝的言論對日本法西斯主義運動有很大影響。

【人物群像】

■西田税：組織天劍黨

西田税（1901-1937），昭和前期國家主義者。鳥取縣人。陸軍士官學校畢業，在校時即崇拜北一輝，贊同《日本改造法案大綱》，並加入北一輝的猶存社。1925年，西田税又加入大川周明的行地社，負責編輯機關刊物《月刊日本》，但很快就退出了。其後參與組織士林莊、日本國民黨及維新同志會等右派團體，組織天劍黨，宣傳北一輝的法西斯思想，糾集少壯軍人。

1931年，西田税任滿鮮問題國民同盟實行委員，參加十月事件。在五一五事件中遭海軍少壯軍人誤解，被槍擊受重傷。二二六事件後，他被認為是幕後領導人，與北一輝同時被處死。

■井上日召：血盟團首領

井上日召（1886-1967），國家主義者。本名昭。群馬縣人。在早稻田大學及東洋協會專門學校肄業。1901年到中國東北從事諜報活動。1921年回國後皈依日蓮宗，改名日召。1927年在茨城縣創辦立正護國堂，以建立「日本天皇國」為目標，又糾集右派青年，組織農民敢死隊；並聯絡海軍少壯軍人，企圖以武力改造國家。

1931年，井上日召組織血盟團，計劃暗殺政界、財界要人，然後由海軍軍官實行政變。次年，血盟團成員暗殺前藏相井上準之助和三井合股公司理事長團琢磨。血盟團事件後，井上日召被捕，判處無期徒刑。1940年

大赦出獄。戰後於 1948 年受褫奪公職處分。1954 年組織護國團，次年引退。

■大川周明：為太平洋戰爭製造理論

大川周明（1886-1957），國家主義者。山形縣人。東京帝國大學文學部印度哲學科畢業，常為參謀本部翻譯資料。1918 年入南滿鐵道株式會社，翌年在該會社的東亞經濟調查局任職，1929 年升理事長。其間他參加滿川龜太郎組織的老壯會，又與他組成猶存社，邀北一輝從上海返回日本，提出「興民討閥」口號。

其後大川周明與北一輝意見不合，於 1925 年自為盟主；又與西田稅等組成行地社，發行《日本》月刊，主張積極推行大陸政策，解決「滿蒙問題」，改革國內政治，建立法西斯體制。1920 至 1928 年，大川周明在拓殖大學講殖民地史；其間，1926 年以《特許殖民地社會制度研究》取得東京帝國大學法學博士學位。

1931 年，大川周明策劃三月事件和十月事件；次年組織神武會，因向五一五事件首謀分子提供資金和武器而被捕，在獄中寫成《近世歐羅巴殖民史》，1937 年出獄。1939 年任法政大學大陸部部長，次年乘政府紀念皇紀二千六百年之際，刊行《日本二千六百年史》，鼓吹國家主義。其後又刊行《美英侵略東亞史》，為太平洋戰爭製造理論。

戰後，大川周明以甲級戰犯被捕。1946 年，他在遠東國際軍事法庭上，以印度瑜伽末技裝成精神異常，因而免被起訴。著《歐洲、日本及世界》，與北一輝並列為日本法西斯主義思想家。有《大川周明全集》七卷。

1.8 鹿地亙：組織日本人民反戰同盟

1. 在中國從事被俘日軍的教育工作

鹿地亙（1903-1982），作家、無產階級文化運動中心人物。本名瀨口貢。大分縣人。1927 年畢業於東京帝國大學，是 1920 年代日本無產階級文化運動中心人物之一。1932 年加入日本共產黨，其後被捕入獄，釋放後加入遠山劇團，1936 年隨團到中國演出，留居上海，與魯迅相識，並把魯迅的作品《野草》、《熱風》等譯為日文。

1938 年，鹿地亙在八路軍的幫助下，組織日本士兵最早的反戰同盟 —— 覺醒聯盟，擔任對日戰俘的教育工作，直至日本戰敗投降。1941 年夏，鹿地亙等在重慶創辦在華日本人反戰同盟本部機關刊《真理的鬥爭》（月刊），印好後送交國民黨軍前線部隊散發。但發刊不久，國民政府軍事委員會於 1941 年 8 月發出解散反戰同盟的命令，幾番爭取後，重慶本部得以保留，其他大部分工作人員則被送回戰俘營，該刊的反戰新聞活動遂告結束。

鹿地亙所寫的《日本文化在獄中》說：「在日本，文化已經失掉了，民眾的呼聲已經聽不到了，『文化』

在牢獄裏面。」他於 1946 年回國，曾被美國佔領軍拘禁，釋放後又被日本政府以間諜罪起訴，至 1967 年 6 月確定無罪。著有《日本士兵的反戰運動》等。井上佳子著《鹿地亘的反戰思想與反戰活動》（長春：吉林大學出版社，2008 年），詳述鹿地亘在國統區的反戰活動，以及他與在華日本人民反戰同盟的關係。

2. 昭和前期的反戰文學

1937 年中日戰爭爆發後，有些反戰的日本人加入中國抗戰的行列，他們創作了一批反對日本帝國主義的作品，稱為反戰文學。池田幸子的短篇小說《西嵬的故事》（1938）、綠川英子的詩篇《丟失的兩個紅蘋果》（1939）和鹿地亘的劇本《三兄弟》（1940），都是具代表性的作家和作品。

此外，日本反戰同盟的成員，也曾在中國延安和各個解放區以及大後方的報刊上，發表反戰作品。1941 年在西安發行的《黃河》雜誌第四期，出版了《日本反戰同志文學專號》。

【人物群像】

■豬俁津南雄：日本共產黨創建者

豬俁津南雄（1889-1942），昭和前期社會主義者。新潟縣人。早稻田大學畢業，赴美國留學，加入旅美日本社會主義者團。1921年任早稻田大學講師，次年參加創建日本共產黨，任綱領審議會議長，1923年被捕。

1927年，豬俁津南雄因反對二七年綱領，退出日本共產黨，參加編輯《勞農》雜誌，成為勞農派主要理論家。次年任無產大眾黨中央執行委員，領導合法左派運動。1937年因人民陣線事件被捕。著有《帝國主義研究》、《現代日本研究》、《農村問題入門》等。

■三木清：藏匿流亡學者被捕

三木清（1897-1945），昭和前期哲學家。兵庫縣人。1917年入京都帝國大學哲學科，受教於西田幾多郎、田邊元、波多野乾一等人。畢業後攻讀研究生課程，得到出版家岩波茂雄的資助，赴德國留學，開始接觸馬克思主義，結識羽仁五郎。

1925年三木清回國後，任第三高等學校講師，研究黑格爾的辯證法，曾接近河上肇。1927年到東京任法政大學教授，次年與林達夫等共編《世界思潮》十二卷，與羽仁五郎創辦《在新興科學的旗幟下》，並建議岩波書店出版《岩波文庫》。1929年參與創立無產階級科學研究所，次年因資助共產黨嫌疑被檢舉，辭去教職。釋放後，研究歷史哲學。

1938 年，三木清參加近衛文麿的智囊團昭和研究會，提出「東亞協同體理論」。太平洋戰爭爆發後，曾被徵為陸軍報導班員，派到馬尼拉。1945 年 3 月，因藏匿逃亡中的進步學者高倉輝被捕，至日本戰敗投降後仍未獲釋，同年 9 月死於獄中。著有《三木清全集》十九卷。

刁榴著《三木清的哲學研究：以昭和思潮為線索》（北京：社會科學文獻出版社，2008 年）指出，三木清的哲學是一種文化哲學，是從現實出發的實踐性思考，此書以昭和前期的思潮為主線，剖析三木清的哲學從形成到發展。內容由大正教養主義的餘波談起，到馬克思主義研究，三木哲學的成立、不安的思潮和三木清的活動，以及他的協同主義哲學，最後以三木哲學與昭和前期思潮的共鳴作結。

■綠川英子：反戰的世界語學者

綠川英子（1912-1947），女作家。原名長谷川照子。生於山梨縣。1929 年，她進入奈良女子高等師範學校後，開始文學創作和學習世界語；1932 年因參加革命活動，被勒令退學。次年在日本世界語學會工作，1936 年與中國留學生劉仁結婚。

1937 年 5 月，她秘密赴上海，參加中國世界語活動和抗日運動，到武漢從事對日廣播工作，並以綠川英子的筆名，撰寫政治論文，揭露日本侵華罪行，支持中國抗戰。次年抵達重慶，在周恩來、郭沫若領導下，繼續從事抗日活動。與此同時，她還撰寫政論、散文及世界語作品。中國抗戰勝利後，綠川英子與丈夫進入東北解放區，後來在佳木斯去世。三個多月後，她的丈夫亦病

逝。王重旭著《綠世界：劉仁與綠川英子的中日情緣》（瀋陽：遼寧人民出版社，2017年），譜寫了這位國際主義女戰士的生平事蹟。

■宮本百合子：參加日本共產黨的女作家

宮本百合子（1899-1951），小說家、評論家。原名中條百合。東京都人。她是建築師中條精一郎的女兒，1916年進入日本女子大學攻讀英文專科，同年發表短篇小說《貧窮的人們》，第二年又在《中央公論》上發表了兩篇作品。

1918年起，宮本百合子隨父親到美國；其後曾赴蘇聯及歐洲多國訪問，1926年完成取材於自己生活的著名長篇《伸子》。此書記錄了尚處於無權狀態的日本婦女，因婚後生活的束縛而煩惱痛苦，終於走上了自立道路的不屈精神。

早在1918年，宮本百合子在哥倫比亞大學結識研究古代東方語言的荒木茂，二人於次年結婚，至1924年離婚。她開始與俄國文學研究家湯淺芳子一起生活，大約有八年之久，其間二人於1927年同赴莫斯科，次年宮本百合子發表《莫斯科印象記》。

1930年宮本百合子回國後，加入日本無產者藝術聯盟。1931年加入日本共產黨，次年與宮本顯治結婚。曾五次被捕。戰後參與創辦新日本文學會，主要作品有《1932年的春天》、《疾風知勁草》、《播州平原》、《路標》及評論《婦人與文學》等。她在戰前創作的《伸子》，被譽為宣揚女性解放的超越時代之作，是日本戰後抵抗文學的先鋒。

第二章

戰後內閣與選舉

戰後日本經歷了被盟軍（主要是美國）佔領的時期，至 1952 年才恢復獨立。雖然只是幾年，影響卻很深遠。被佔領時期的統治機構，東京方面，在麥克阿瑟（Dougles MacAuthur）將軍之下，設置盟軍總司令部（GHQ）及對日理事會（ACJ）；遠東委員會（FEC）則設於美國華盛頓，其決定通過美國政府傳達盟軍總司令部。

　　初期的佔領政策以非軍事化和民主化為本，麥克阿瑟向日本首相幣原喜重郎發出五項指令。初期改革的內容，包括政治、經濟和社會文化三方面。1946 年公佈《日本國憲法》（通稱《昭和憲法》），國會是國家最高的權力機關，為國家唯一立法機關，另有眾議院、參議院，行政權屬於內閣，司法權屬於最高法院。

　　由於國際形勢的變化，近代化政策得以持續，弱體化政策則改為自立化政策；1952 年的《舊金山和約》使日本恢復獨立國家的地位，而《日美安保條約》則規定美軍仍然駐留日本。指向和平與民主主義的民眾運動漸次高漲，作為保守陣營的自由民主黨，確立了在政治上的主導地位。

　　1960 年的《改定安保條約》，一度引發安保鬥爭；1970 年代是安保體制的延續，由於各國對華政策轉變及越戰結束，日本亦受到相當大的影響。早在

1950 年代末，日本已經有人致力改善中日兩國關係，石橋湛山應邀訪問中國；1972 年田中角榮訪華，中日發表聯合聲明，邦交正常化，後於 1978 年簽訂《中日和平友好條約》。日本與南亞、西亞國家的關係，於 1980 年代均有所改善。（表 4）

表 4　戰後日本對外關係

國家	條約、事項
美國	1951：《日美安全保障條約》 1960：《新安保條約》 1970：《日美安保條約》自動延長聲明
蘇聯	1956：《日蘇共同宣言》
中國	1952：《第一次中日民間貿易協定》 1972：《中日共同聲明》 1978：《中日和平友好條約》
韓國	1965：《日韓基本條約》

2.1 東久邇稔彥：戰後首屆內閣總理

1. 皇族出身的軍人

東久邇稔彥（1887-1990），皇室成員、久邇宮朝彥親王第九子，1906 年封親王，建東久邇宮家。在京

都出生。1908 年畢業於陸軍士官學校，1914 年在陸軍大學畢業。次年，與明治天皇九女聰子成婚。

1920 年，東久邇稔彥留學法國，在法國陸軍大學就讀。次年回國後，歷任聯隊長、旅團長、師團長、航空本部部長。1938 年任第二軍司令官，率軍侵略中國華北；同年底，因病回國。1939 年升大將，1941 年任防衛總司令官。

戰爭結束後，東久邇稔彥迅即於 1945 年 8 月 17 日成立以皇族為首的內閣。9 月 2 日，派外務大臣重光葵與參謀總長梅津美治郎在降書上簽字。因內閣意圖與美國佔領軍指令格格不入，東久邇稔彥於 10 月 9 日率內閣總辭職。1946 年降為臣籍，次年脫離皇籍。1950 年東久邇稔彥創立東國教，被奉為教主。晚年在醫院中度過。

2. 東久邇稔彥內閣

戰後日本成立的第一個內閣是東久邇稔彥內閣，1945 年 8 月 17 日至 10 月 9 日在任。當時為了抑制部分軍隊對投降的不滿，避免混亂，只能依靠皇室的權威，任命東久邇稔彥為總理大臣，成立史無前例的皇族內閣，以近衛文麿、緒方竹虎為中心組閣。東久邇內閣的內務次官山崎巖為內務大臣，企圖維護天皇制

和維持治安，對停產的大企業發放巨額資金，作為戰時補償。佔領軍進駐日本後，內閣簽署了投降書，解散軍隊，使行政機構轉入平時軌道，比較順利地實現了盟軍佔領的過程。但是空談「一億人總懺悔」，迴避戰爭責任問題，在安定民眾生活方面束手無策。10月4日，盟軍總司令部指令取消對政治、宗教自由的限制，罷免內務大臣山崎巖為首的內務省首要人物，及與特高警察有關的全體人員，內閣因而總辭職。

3.「一億人總懺悔」引起國民反感

東久邇稔彥組閣後，於8月28日接見記者說：「在重建日本之際，首先一億國民都必須進行懺悔。」這番話普遍引起了反感，認為是把戰爭責任推向全體人民。事實上，戰後初期日本只有七千萬人，沒有一億人那麼多。至於受日本侵略的國家和人民，則大多認為日本政府懺悔必須要有誠意。

【人物群像】

■梅津美治郎：代表日本大本營簽投降書

梅津美治郎（1882-1949），昭和前期陸軍大將。大分縣人。陸軍士官學校、陸軍大學畢業，1913年起，先後任駐德國、丹麥使館武官，及陸軍省軍事科科長、陸軍大學教官、第一旅團旅團長等職，1932年任第五師團師團長。1934至1936年任日本天津駐屯軍司令官、第五師團師團長，其間於1935年6月逼使何應欽簽訂《何梅協定》，取消在河北的一部分國民黨黨政機關及撤退中央軍等。

1936年二二六事件後，梅津美治郎升任陸軍省次官。1939年9月，調任關東軍司令官兼駐「滿洲國」全權大使及關東局長官，次年升為大將。1944年7月，出任參謀總長。日本戰敗後，1945年9月2日，梅津美治郎代表日本大本營，與外相重光葵一起簽署投降書。1948年11月，他被遠東國際軍事法庭判為甲級戰犯，處以無期徒刑。

■重光葵：簽署無條件投降書

重光葵（1887-1957），昭和時期外交官、政要。生於大分縣。1911年東京帝國大學法科畢業後，長期在外務省任職。1929年任上海總領事，1931年任駐華公使。翌年一二八事變後，脅逼國民政府簽訂《淞滬停戰協定》。因被朝鮮人投擲的炸彈所傷，失去一腳。

1933年，重光葵任外務次官。1936年任駐蘇大使，1938年任駐英大使，1942年任駐汪精衛政權大使。1943

年任東條內閣外務大臣，次年任小磯內閣外務大臣兼大東亞大臣。

1945 年日本戰敗後，重光葵任東久邇內閣的外務大臣，作為日本政府首席代表，簽署無條件投降書。其後以甲級戰犯被捕，並被遠東國際軍事法庭判處七年徒刑，1950 年假釋出獄。1952 年重返政界任改進黨總裁，1954 至 1956 年，連任三屆鳩山內閣外務大臣，並兼任第二、第三次鳩山內閣副總理。著有《巢鴨日記》、《外交回憶錄》、《昭和動亂》等。

■松村謙三：致力中日友好活動

松村謙三（1883-1971），政治家。生於富山縣。1906 年早稻田大學政治經濟學部政經科畢業，其後任《報知新聞》記者。1928 年起，十三次當選眾議院議員，屬立憲民政黨。1939 年任平沼內閣農林省政務次官，太平洋戰爭期間任翼贊政治會政務調查會會長、大日本政治會幹事長等職。

戰後，松村謙三任東久邇內閣厚生大臣兼文部大臣，及幣原內閣農林大臣。1946 年受剝奪公職處分，1953 年解除處分後，任改進黨幹事長、民主黨政務調查會會長。1955 年任第二次鳩山內閣文部大臣，同年任自由民主黨顧問，是三木—松村派領袖之一。

1959 年起，松村謙三曾五次訪問中國，是中日貿易日方總聯繫人，1962 年簽訂《日中綜合貿易協定》，並為中日雙方互設貿易聯絡辦事處、互派常駐代表及中日邦交正常化，作出積極努力。1969 年退出政界。著有《三代回顧錄》。

2.2 幣原喜重郎：推進戰後一連串改革

1. 從外交官到總理大臣

幣原喜重郎（1872-1951），外交官、政治家。大阪府出生。1895 年畢業於東京帝國大學法科，次年入外務省，曾任駐荷公使、駐美大使等職，1921 年以日本首席全權代表出席華盛頓會議。1924 年後，任第二次加藤高明內閣外務大臣；此後，歷任若槻內閣、濱口內閣、第二次若槻內閣的外務大臣。他與加藤高明，都是三菱財閥岩崎彌太郎的女婿。

幣原喜重郎為了與英美協調，推進對華不直接干涉的外交政策。1930 年批准簽訂《倫敦海軍裁軍條約》，軍部和右翼法西斯分子以干犯統帥權為口實，加以攻擊，他因而於 1932 年退出政界。

戰後，幣原喜重郎於 1945 年 10 月任首相組閣，在美國佔領軍當局支持下，起草天皇《人間宣言》，推進憲法改革、釋放政治犯、廢止特高警察等一系列政策，並且首先提議日本放棄戰爭，藉此換取各國信任。次年第一次大選後辭職。任進步黨總裁，並吉田內閣國務大臣。1949 年，任眾議院議長、民主自由黨最高顧問。著有《外交五十年》等。

2. 幣原喜重郎內閣的政績

幣原喜重郎內閣繼東久邇內閣成立，任期由 1945 年 10 月至次年 4 月。外務大臣是吉田茂，內務大臣是堀切善次郎和三土忠造，文部大臣先後是前田多門、安倍能成。麥克阿瑟於 1945 年 10 月 11 日發出五大改革指令，作為內閣課題，內容包括：（一）解放婦女；（二）成立工會；（三）改革學校教育；（四）廢除支持恐怖政治的檢察制度；（五）經濟民主化；並且暗示必須修改憲法。以國務大臣松本蒸治為核心，主持修改憲法的工作，因未改動主權在君的原則，被盟軍總司令部拒絕。其後內閣接受盟軍總司令部提出的主權在民和放棄戰爭的方案，於 1946 年 3 月發表憲法修改案。

在此之前，為維護天皇制之續存，幣原喜重郎用英文起草了《人間宣言》，即否定天皇神格的宣言。日文「人間」是「人」的意思，宣告「天皇非神」。中文著作中，也有把《人間宣言》譯作《人格宣言》的。內閣採取了一系列經濟措施，但未能制止物價飛漲。4月 7 日的打倒幣原內閣人民大會，有二十萬人參加，遊行隊伍包圍總理大臣官邸。幣原內閣於群眾運動激化、在野黨和輿論抨擊下，遂總辭職，此後出現了長達一個月的政治空白期，第一次吉田內閣才成立。

3. 否定天皇神格的《人間宣言》

1946 年 1 月 1 日發表的詔敕，內容首先重申 1868 年的《五條誓文》，作為建設新日本的方針；接着宣佈天皇與國民之間的紐帶，不是產生於神話和傳統，也不是來源於天皇是「現神人」和日本民族優於其他民族的觀念，從而否定了天皇的神格。

其後於《日本國憲法》中，確定天皇是日本國的象徵，國會是最高權力機關；內閣對國會負責。明治以來的絕對天皇制（近代天皇制），遂改變為象徵天皇制（現代天皇制）。

4.《日本國憲法》和象徵天皇制

1946 年制訂的《日本國憲法》，規定：（一）「主權屬於日本國民」；（二）「天皇是日本國的象徵，是日本國民整體的象徵」；（三）「天皇只能行使本憲法所規定的有關國事行為，並無干預國政的權能」。新憲法取消了戰前天皇具有的立法、行政、司法大權和統帥權，天皇只成為禮儀性的存在。

《日本國憲法》分為十一章，共一百零三條。第一章〈天皇〉，第二章〈放棄戰爭〉，第三章〈國民的權利和義務〉，第四章〈國會〉，第五章〈內閣〉，第六章〈司法〉，第七章〈財政〉，第八章〈地方自治〉，

第九章〈改正〉，第十章〈最高法規〉，第十一章〈補則〉。《日本國憲法》公佈後即於 1947 年施行。1952年《舊金山和約》簽訂後，日本朝野圍繞着護憲和改憲問題時有爭論。

【人物群像】

■鳩山一郎：創建日本民主黨

鳩山一郎（1883-1959），政治家、外交家。東京人。1907 年東京帝國大學法學院英國法律科畢業，曾為執業律師；1915 年當選議員，加入立憲政友會，1927 年任幹事長。歷任田中內閣書記官長及犬養內閣、齋藤內閣文部大臣，其間發生逼害京都大學法學部教授瀧川幸辰事件。1937 年，鳩山一郎為政友會總裁代行委員之一。1940 年政友會解散後，反對大政翼贊運動，對軍部持批判態度。因反對東條英機專權及其冒進的軍事政策，遭到排斥，辭職後隱居於輕井澤鄉間。

戰爭結束後，鳩山一郎將政友會改組為自由黨，任總裁。1946 年 5 月在組閣之前，因其戰前經歷而被褫奪公職。1951 年 8 月恢復公職後，與吉田茂爭奪政權。1954 年任日本民主黨總裁，連續三次組閣，由 1954 年 12 月至 1956 年 12 月出任總理大臣。他在任內推行右傾保守內政路線，試圖修改新憲法；對外則採取和平方

針，恢復日蘇外交關係。鳩山一郎在任期間，不過份依附美國，推行自主外交政策，積極致力改善日本與亞洲各國的關係，促使日本加入聯合國，提高日本的國際地位。著有《鳩山一郎回顧錄》。

■石橋湛山：主張恢復中日邦交

石橋湛山（1884-1973），新聞工作者、政治家。幼名省三。生於東京。1907 年畢業於早稻田大學文學系，入《每日新聞》社任記者。後來到《東洋經濟新報》社工作，負責政經評論，1925 至 1946 年擔任該報主編，1941 年起為該社社長。

1946 年 5 月，石橋湛山出任吉田內閣大藏大臣，翌年 1 月兼經濟安定本部總務長官、物價廳長官，至 5 月，受解除公職處分。其後重返政界，於 1952 年 10 月當選眾議員，直至 1963 年。1953 年 11 月，他因反對吉田茂，被開除出自由黨，後來與鳩山一郎等組織民主黨。1954 年 12 月，鳩山組閣，石橋湛三出任通商產業大臣。

1955 年 11 月，民主黨與自由黨合併為自由民主黨（簡稱自民黨）。次年 12 月，石橋湛山當選總裁並組閣，擔任內閣總理至次年 2 月。反對向美國一面倒的政策，主張發展日蘇、日中貿易，及恢復中日邦交。1959 年訪問中國，次年任日蘇協會會長。1963 至 1973 年間，多次擔任日本中國經濟貿易展覽協力會長，曾數度當選日本國際貿易促進總裁。著作有《日本金融史》等，編成《石橋湛山全集》十五卷。

■河野一郎：致力改善日蘇關係

河野一郎（1898-1965），政治家。神奈川縣人。早稻田大學政治經濟科畢業，曾任《東京朝日新聞》記者。1931年及1932年，先後任農林大臣山本悌二郎、後藤文夫的秘書官。戰時曾任大政翼贊會農林委員、農業報國聯盟理事等職。

戰後河野一郎與鳩山一郎共同組織日本自由黨，並任第一任幹事長。一度被褫奪公職處分，1951年返回自由黨內，因要求擁立鳩山執政，1952年被吉田茂開除出黨，同年年底恢復黨籍。1954年上任第一次鳩山內閣農林大臣，1957年任第一次岸信介內閣經濟企劃廳長官，1961年任第二次池田勇人內閣農林大臣，1964年任第一次佐藤榮作內閣國務大臣。

河野一郎致力改善日蘇關係，1956年隨同鳩山一郎訪問蘇聯，締結《日蘇共同宣言》，恢復兩國外交關係。此外，曾任日本田徑聯盟會長，在體育界也有影響。曾任自民黨總裁的河野洋平是他的兒子。

2.3 片山哲：社會黨內閣總理

1. 二戰前後的政治生涯

片山哲（1887-1978），社會運動家、政治家。生於和歌山縣。1912年東京帝國大學法學部畢業，為律

師；1920 年代初，與星島二郎開辦中央法律懇談所，並參加社會民主主義運動，擔任日本勞動總同盟法律部部長、日本農民組合法律顧問。1926 年，片山哲參與創立社會民主黨；其後任書記長，連續當選為眾議員。1932 年創立社會大眾黨，至 1940 年離黨。

戰後，片山哲任日本社會黨書記長、委員長。1947 年 4 月，社會黨在大選中成為第一大黨；5 月，片山哲出任社會黨內閣總理至翌年 2 月。其後，任社會黨、民社黨最高顧問。晚年致力於日中友好運動，1956 年任日中文化交流協會會長，曾多次訪問中國。著有《回顧與展望》、《白樂天》等。

2. 二一罷工的影響

1947 年，日本出現嚴重的通貨膨脹問題，引起工人強烈不滿。全官公廳共同鬥爭委員會領導下的官公廳公會，有兩百六十萬人；以該公會為中心，包括產別會議和日本工會總同盟系統的工會，計劃於 2 月 1 日舉行總罷工。當時官公廳工人的工資，只有民間企業工人工資 45%，他們提出包括提高工資在內的十項共同要求，並期望打倒吉田內閣。

預定參加罷工的人數達六百萬人，麥克阿瑟在罷工前一天，下令禁止總罷工。全官公廳共同鬥爭委

員會和全國工會共同鬥爭委員會在當天解散，組成全勞聯。在這次鬥爭中，工資提高了一倍，國營鐵路工會、全國郵政工會等，爭得集體協約權，對民間產業亦產生了巨大影響。二一罷工被禁止後，在 1947 年 4 月舉行的總選舉中，日本社會黨成為第一政黨。

3. 片山哲內閣的政績

片山哲內閣是日本第一個以社會黨為首的內閣，任期由 1947 年 5 月至次年 2 月。當時日本社會黨在總選舉中成為第一政黨，但未取得國會半數以上的席位，民主黨和國民協同黨入閣，組成聯合政黨。內閣採取「摻進保守因素的漸進改革」和「協助推行佔領政策」，施政的中心是通過「重點生產方式」，促進擴大生產；此外的功績，包括制定《煤礦國家管理法》和《國家公務員法》。

片山哲內閣採取的物價和工資政策，物價提高為戰前的六十五倍，工資抑止則為二十七倍。由於受到工人運動的反擊，社會黨左派又起來呼應，1948 年 2 月，內閣在審議昭和二十三年度預算過程中，終於總辭職，繼而由參加三黨聯合的芦田均組織內閣。（表5）中日邦交正常化之後，片山哲積極主張締結日中和平友好條約。

表 5　日本社會黨變遷

日本社會黨	1945 年成立的政黨
左派　右派	1954 年分裂為兩派
日本社會黨	1955 年兩派合併
民主社會黨	1960 年另組的政黨
民社黨	1969 年民主社會黨改稱
社會民主連合	1978 年另組的黨派

【人物群像】

■鈴木茂三郎：組建日本社會黨

　　鈴木茂三郎（1893-1970），政治家、社會活動家。愛知縣人。早稻田大學專門部政經科畢業，1921 年到美國，參加遠東勞動者大會；次年回國，加入日本共產黨，創辦《勞農》。1928 年任無產大眾黨書記長，此後任全國勞農大眾黨、勞農無產協議會負責人。1937 年底因人民戰線事件，與加藤勘十等人一同被補入獄。

　　戰爭結束後，鈴木茂三郎最先參與組建日本社會黨；1949 年社會黨改組後任書記長，提出「和平四原則」，包括全面媾和及反對重新武裝。1949 年任左派社會黨委員長，1950 年代初，在大選中獲勝，1955 年合併右派，組成統一社會黨，續任委員長，至 1963 年辭職，

從事理論工作。著有《鈴木茂三郎選集》三卷。

■松本治一郎：部落民解放運動領導人

松本治一郎（1887-1966），政治家。出生於福岡縣部落民家庭。1923年創立九州水平社，1925年任全國水平社委員長。次年向福岡聯隊長抗議部落民出身的士兵遭不平等待遇，因而被逮捕，判三年半徒刑。出獄後繼續領導全國水平社，1936年後三次當選為眾議員。

戰後，松本治一郎於1946年任部落解放全國委員會委員長，並被選為參議院副議長。1948年國會開幕式時，他拒絕以傳統方式謁見天皇；翌年，首相吉田茂以藉口剝奪其公職。1951年解除處分後，重新返回政界。1955年，在社會黨內組織和平同志會。他亦致力於中日友好工作，曾任日中友好協會會長、世界和平理事會會長。

■淺沼稻次郎：領導安保鬥爭

淺沼稻次郎（1898-1960），政治家、社會活動家。生於東京都。早稻田大學政經學部畢業。1925年任農民勞動黨書記長，其後參加成立日本勞農黨、全日本農民組合。1931年，任全國勞農大眾黨中央委員兼組織部部長。

戰後，淺沼稻次郎全力組建日本社會黨，任組織局長，1948年任社會黨書記長。社會黨分裂後，為右派社會黨書記長。1955年左右兩派社會黨合併，淺沼稻次郎仍任書記長。1959年3月，他訪問中國時發表反帝聲明，引起很大反響。翌年3月，在鈴木茂三郎、松本治

一郎等左派領導人支持下，當選社會黨委員長，領導安保鬥爭。同年 10 月，在東京日比谷公會堂講壇上被右翼分子刺殺。著有《我的言論鬥爭錄》。

■平野力三：組織日本社會黨

平野力三（1898-1981），社會活動家、政治家。岐阜縣人。1922 年畢業於早稻田大學專門部，與淺沼稻次郎、三宅正一等從事農民運動。1924 年任日本農民組合山梨縣聯合會主事，1926 年以該會為中心，組織日本農民黨；1928 年，日本大眾黨成立後任書記長。在此前後，平野力三與田中義一等軍部首腦暗中接觸，1929 年被勞農派揭發並遭開除。其後在右翼農民組織中，仍佔有重要地位。1936 年曾當選眾議員。

戰後，平野力三與西尾末廣等組織日本社會黨。1947 年在片山內閣中任農林大臣，後被罷免和褫奪公職。1950 年復歸政界後，組織社會民主黨任委員長。1952 年，再入右派社會黨。1954 年，因貪污事件脫離社會黨。

■飛鳥田一雄：連續四次當選橫濱市長

飛鳥田一雄（1915-1990），政治活動家。生於橫濱市。1937 年畢業於明治大學法學科，1939 年任律師。1945 年 11 月，參加創建社會黨。1949 年當選為橫濱市議員，1951 年當選為神奈川縣議員。1953 年後當選眾議員，屬社會黨內和平同志會。

1963 年 4 月起，飛鳥田一雄連續四次當選橫濱市長至 1978 年。1964 年組成全國革新市長會，出任會長。

1971 年擔任日中國交恢復國民會議訪中團團長，到中國訪問。1974 年當選社會黨副委員長，1977 年底當選社會黨委員長。著有《飛鳥田一雄回想錄：生生流轉》。

2.4 芦田均：三黨聯合內閣總理

1. 創建民主黨任總裁

芦田均（1887-1959），外交家、政治家。京都府人。東京帝國大學畢業，入外交界工作，歷任大使參事官等職。1931 年九一八事變後，辭職回國，次年當選為眾議員。1933 年任英文版《日本新聞》社長，在外交上對軍方持批判態度。

戰爭結束後，芦田均創建日本自由黨；1947 年退出，創建民主黨並任總裁。他曾任片山內閣外相，1948 年 3 月，組織民主黨、日本社會黨、國民協同黨聯合內閣，任總理兼外相。森戶辰男任文部大臣，加藤勘十任勞動大臣，水谷長三郎任商工大臣。因提倡導入外資，並以上屆內閣實行的「重點生產方式」為施政中心，強制推行以低工資為基礎的物價政策，招

致激烈反對。同年 10 月，因牽涉昭和電工公司賄賂
事件，內閣全體辭職下台。芦田均被逮捕，有六十四
人被起訴，審判持續到 1958 年，最終判決全體閣僚
無罪。

2. 昭和電工事件始末

昭和電工公司以生產鋁製品起家，戰後初期，該
公司大量生產化學肥料，至 1948 年 6 月為止，從復
興金融金庫取得二十三億日元貸款，其中四億三千萬
日元被社長日野原節三用掉。

民主自由黨為推翻芦田內閣，於 1948 年 4 月向
眾議院不當財產交易特別委員會提出此案。開始搜查
後，逮捕了日野原節三，並牽連農林省、大藏省、日
本自由黨、日本興業銀行、經濟安定本部等部門和機
構的有關人員。10 月 6 日內閣副總理西尾末廣被捕，
翌日芦田內閣總辭職。至 12 月，芦田均亦被逮捕。

審查結果是，至 1958 年宣判六十四人中大部
分人無罪。至 1962 年，判處日野原節三及前大藏大
臣、經濟安定本部長官栗栖赳夫有罪。西尾末廣則被
社會黨開除。

【人物群像】

■森戶辰男：日本社會黨中央執行委員

森戶辰男（1888-1987），經濟學家、教育家。廣島縣人。東京帝國大學經濟學科畢業，在該校任副教授；1919 年於《經濟學研究》上發表研究克魯包特金社會思想的論文，被右翼團體攻擊，次年被起訴，被拘禁三個月。後轉入大原社會問題研究所，赴歐洲留學，回國後繼續在該所工作。

戰後，森戶辰男加入日本社會黨任中央執行委員。曾三次當選眾議員，歷任眾議院社會保險制度調查會、教育刷新委員會、工資審議會委員。1947 至 1948 年，先後任片山哲內閣、芦田均內閣的文部大臣。1950 至 1963 年，任廣島大學校長。1963 至 1972 年，任日本育英會會長、中央教育審議會委員及會長。著有《戰爭與文化》、《大學的沒落》、《和平革命的條件》、《社會主義思想史》等。

■加藤勘十：社會主義運動家

加藤勘十（1892-1978），勞動運動家、政治家。生於愛知縣。曾就讀日本大學，1918 年退學，參加遠征西伯利亞。1920 年參加並指導八幡製鐵所工潮，擔任日本礦業工會委員長。1929 年，他與大山郁夫共同創立日本勞農黨；1935 年，與鈴木茂三郎共同創建日本無產黨。1936 年，加藤勘十當選眾議員。次年因人民戰線事件被捕。

戰後，加藤勘十與婦女運動家石本靜江結婚，二人都是議員，一時傳為佳話。1948年，加藤勘十任芦田均的民主、社會政黨兩黨聯合內閣勞動大臣。因昭和電工事件，次年於選舉中失去議席。其後在國會內外極為活躍，1952年曾彈劾財政大臣池田勇人，導致吉田茂內閣大受影響，屬於鬥士型的社會運動家。1969年從政界隱退。著有《走在階級鬥爭的前列》和《轉換期間的美國》。

■黑田壽男：擔任日本友好協會會長

黑田壽男（1899-1986），昭和時代政治家、律師。岡山縣人。1923年畢業於東京帝國大學法學部。1926年參加勞動農民黨，1928年加入無產大眾黨並任中央委員。1936年當選眾議員，次年因人民戰線事件被捕。

戰後，黑田壽男參加社會黨，任中央執行委員。1947年，任日本農民組合中央執行委員長；次年退出社會黨，成立勞動者農民黨並任主席。1957年，該黨併入社會黨，黑田壽男歷任社會黨中央監察委員會主席、顧問等職。此外，曾任日本國民救援會會長、亞洲人權中心理事長等職。1967至1980年，黑田壽男任日中友好協會會長，長期致力於中日兩國的友好事業，曾多次訪問中國，毛澤東、鄧小平、周恩來等人予以接見。

2.5 岸信介：與東條英機交惡逃過審判

1. 從戰前到戰後的政治活動

岸信介（1896-1987），昭和後期政治家。山口縣人。原姓佐藤，自幼出嗣岸家。佐藤榮作之兄。1920年畢業於東京帝國大學法學部。1922年入農商務省。1935年派到「滿洲國」任產業部次長，1937年任總務廳次長，掌握實權；同年創立滿洲重工業會社，由他的親戚鮎川義介任總裁。1939年返回日本，歷任阿部內閣、米內閣、第三次近衛內閣商工省次官。東條英機將商工省併入軍需省，自兼軍需省大臣，岸信介任次官，負責制訂戰時經濟編製計劃，指揮軍需生產。1944年，岸信介見東條內閣形勢不妙，企圖推同鄉寺內壽一出馬，因而與東條英機交惡。

戰後，岸信介以甲級戰犯嫌疑被捕，他在獄中強調與東條英機的矛盾，於1948年底獲釋。1952年取消褫奪公權處分後，恢復政治活動，組織日本再建同盟。他因胞弟佐藤榮作與吉田茂的關係，參加自由黨，當選眾議員。1954年與鳩山一郎退出自由黨，任日本民主黨幹事長；次年自由民主黨成立，岸信介為首任幹事長。（表6）1956年，他與石橋湛

山競選總裁，但告失敗，轉而擔任石橋內閣的外務大臣。後來石橋湛山因病辭職，岸信介於 1957 年 2 月組閣。1960 年初，赴美國簽訂《日美相互合作及安全保障條約》，廣泛引起日本人民反對。6 月 23 日條約生效，同日岸內閣總辭職。黨內派系由福田赳夫繼承。

岸信介的胞弟佐藤榮作由 1964 年 11 月起連任三屆內閣總理，到 1972 年 7 月為止，岸信介是他的有力支持者。1979 年 10 月，岸信介聲明退出政界，但仍在幕後操縱政治和發揮影響力。

表6　自由民主黨形成過程

日本自由黨	1945 年成立的保守政黨
日本進步黨	1945 年成立的保守政黨
日本協同黨	1945 年成立的合作議政黨
日本民主黨	1947 年組成
國民協同黨	1947 年由日本協同黨等組成
民主自由黨	1948 年組成
自由黨	1950 年民主自由黨等改稱
國民民主黨	1950 年國民協同黨與日本民主黨組成
改進黨	1952 年國民民主黨等組成
日本民主黨	1952 年改進黨等組成

自由民主黨	1955 年組成的保守政黨
新自由俱樂部	1976 年自由民黨分出的政黨

2. 岸信介內閣的外交

在石橋內閣擔任外務大臣的岸信介，是因財界期待他加強美日關係，得到支持，而當選為總裁的。岸內閣成立後，佐藤榮作任大藏大臣，推行強制性的政策。岸內閣提出「外交三原則」，即以聯合國為中心，與自由陣營協調一致，成為亞洲一員。加強美日合作，並重視東南亞市場；另一方面則停止日中貿易，中斷《日中漁業協定》。由於群眾的反對運動，而黨內的形勢又不穩，《日美安全保障條約》在眾議院由執政黨強行通過，邀請美國總統艾森豪威爾（Dwight David Eisenhower）訪日計劃亦告取消。

【人物群像】

■佐藤榮作：獲諾貝爾和平獎

佐藤榮作（1901-1975），著名政治家。山口縣人。

岸信介的胞弟。1924年畢業於東京帝國大學法學部，曾擔任地方鐵道職員。1934至1937年，以鐵道省國外研修生名義，到歐美留學，回國後仍在鐵道省任職，1940年任鐵道省監督局總務課長。

戰後，佐藤榮作於1946年任運輸省鐵道總局長官，翌年升為運輸省次官。1948年加入自由黨，任第二次吉田茂內閣官房長官；翌年開始連續當選眾議院議員，歷任自由黨政調會會長、幹事長、國會對策委員會委員長等職。1954年因牽連造船貪污事件，辭去自由黨幹事長職務。1957年加入自由民主黨任總務會長。曾任第三次吉田內閣郵政大臣兼電氣通信大臣、第四次吉田內閣建設大臣兼北海道開發廳長官、第二次岸信介內閣大藏大臣、池田內閣通商產業大臣、第三次池田內閣科學技術廳長官。

1964年，佐藤榮作繼池田勇人之後組閣，連續組閣三次，至1972年執政長達七年八個月。任內主持締結《日韓基本條約》，自動延長《日美安全條約》，及使沖繩歸還日本。對內方面，推行「高度成長」的經濟政策，優先發展重工業和化學工業。佐藤榮作堅持親美外交，阻撓中華人民共和國加入聯合國。他以「非核三原則」為基調的外交政策，1974年獲諾貝爾和平獎。著有《今天是明天的前一天》。他信仰佛教真宗，喜歡打高爾夫球和釣魚。

■福田赳夫：組織黨風刷新聯盟

福田赳夫（1905-1995），政治家。群馬縣人。1929年畢業於東京帝國大學法學部，入大藏省任職；翌年，

被派到日本駐英使館工作。1933 年回國，先後擔任京都下京區稅務署長、橫濱稅務署長。次年任大藏省主計局主計官。1941 年到中國，任汪精衛政權財政顧問。1944 年，再回大藏省工作。戰後歷任官房長官、銀行局局長、主計局局長，至 1950 年辭職。

1952 至 1985 年，福田赳夫連續十四次當選眾議院議員，是自民黨岸信介派主要成員，曾任自民黨總務會長、幹事長、政調會會長及內閣農林大臣、大藏大臣、外務大臣、行政管理廳長官、副總理兼經濟企劃廳長官等重要職務，是自民黨內主要的理財型人物。

1962 年岸信介派分裂，福田赳夫組織黨風刷新聯盟，即福田派。1976 年出任自民黨總裁、內閣總理，任內簽訂《日中和平友好條約》，又強化與美國、韓國的協作關係，對外提出「全方位外交」；對內則主張「連帶與協調」，以平均自民黨各派勢力。1978 年任自民黨最高顧問。著有《世界通貨政策動向》。

■園田直：簽訂《日中和平友好條約》

園田直（1913-1984），政治活動人物。生於熊本縣。1935 年被徵召入伍，1938 年在本溪湖煤鐵公司任職員；其後參加陸軍入侵中國和東南亞，曾任特攻隊隊長。戰後回鄉，1947 年開始當選眾議員，初屬日本進步黨，後轉入日本民主黨，屬河野派，1965 年河野一郎去世後，自成一系。

1965 至 1967 年，園田直被選為眾議院副議長。在第二次佐藤內閣任厚生大臣。1972 年起屬福田派；1976 任福田內閣官房長官，次年任外務大臣。他為談判《日

中和平友好條約》堅持不懈，1978 年 8 月 12 日終於在北京簽約。

園田直在大平內閣中，連任外務大臣。1979 年在國會支持首相大平正芳，被福田派除名。1981 年任鈴木善幸內閣外務大臣。曾任日中友好協會、日中文化交流博覽會理事。

2.6 吉田茂：戰後組成五屆內閣

1. 昭和前期的活動

吉田茂（1878-1967），外交家、政治家、政界元老。生於東京。其父為土佐藩（今高知縣）藩士、自由黨領袖竹內綱，吉田茂自幼為商人吉田健三嗣子。1906 年東京帝國大學法學部政治學科畢業後，考入外務省，曾短時期在倫敦、羅馬任職，及充當巴黎和會代表團隨員，長時期在中國天津、奉天（今瀋陽）、安東（今丹東）、濟南等地工作。

1927 年，吉田茂任駐瀋陽總領事，任內參加田中義一內閣召開的東方會議，與外務次官森恪等制訂侵華綱領。次年，他在田中義一兼任外相的情況下，擔

任外務次官，與出兵山東、製造濟南慘案一事有關。

1936 年二二六事件後，吉田茂參預廣田弘毅組閣密謀。其後，擔任駐英大使，以親英美派知名，因反對軍部親德國外交，被軍部排擠和打擊，於 1939 年辭職回國。1945 年 4 月，他為阻止繼續戰爭，被憲兵逮捕，至 6 月獲釋。

2. 戰後的政治生涯

戰爭結束後，吉田茂任戰後首屆內閣 —— 東久邇內閣的外務大臣，並向美國佔領軍司令麥克阿瑟推薦幣原喜重郎為後繼內閣總理，他則連任外相。1946 年 5 月，替代被褫奪公職的鳩山一郎，任自由黨總裁，與進步黨聯合組閣，並兼外相，執行美軍一系列的佔領政策，公佈新憲法，推行農地改革，實行重點生產政策，恢復經濟。由於工人運動興起，自由黨在 1947 年 4 月大選中降為第二黨，內閣於 5 月總辭職。

1948 年 3 月，自由黨改組為民主自由黨，吉田茂仍任總裁，同年 10 月在財界支持下組閣。他依從麥克阿瑟的指示，修改《國家公務員法》及有關法令，抑制罷工運動。12 月，議會通過不信任內閣案，同時宣佈解散議會。

民主自由黨在 1949 年 1 月的大選中，成為第一

大黨；2 月，與民主黨聯合組成第三次吉田內閣。執行美國授意的各種政策，推行道奇計劃。1950 年 6 月，朝鮮戰爭爆發，日本為美軍提供物資和勞務，以特需收入使經濟活躍。1951 年 9 月，吉田茂為首席全權代表，到美國舊金山簽訂被認為是「片面和約」的《舊金山條約》及《日美安全保障條約》，又與台灣當局簽訂和約。

1952 年 8 月，吉田茂趁鳩山一郎等重返政界立足未穩，突然解散議會，10 月大選後組成第四次吉田內閣。當時反吉田茂勢力日漸高漲，1953 年 3 月，他因出言不遜，議會動議懲罰。解散議會後，組成第五次吉田內閣，但已成強弩之末，又因造船公司賄賂事被揭發，內閣終於在次年 12 月總辭職。吉田茂前後執政七年兩個月，辭職後隱居大磯，仍在幕後操縱保守政治勢力，支持池田勇人和佐藤榮作組閣。著有《回想十年》四卷、《世界與日本》及《激盪的百年史》等。

3. 吉田茂內閣的影響

吉田茂前後五次組閣，由 1947 年 5 月至 1954 年 12 月任總理大臣達兩千六百一十六日。（表 7）作為政治家，他是戰後日本新體制的奠基者，對外積極追隨美國，對內廣泛聯繫大財團，發展經濟和重建日本，

對改變當時日本的狀況起了一定作用。

表 7　吉田茂五次內閣任期

屆次	開始	結束
第一次（第四十五屆）	1946.5.22	1947.5.24
第二次（第四十八屆）	1948.10.15	1949.2.16
第三次（第四十九屆）	1949.2.16	1952.10.30
第四次（第五十屆）	1952.10.30	1953.5.21
第五次（第五十一屆）	1953.5.21	1954.12.10

　　1946 年 4 月，在戰後首次總選舉中，自由黨成為第一政黨，但該黨總裁鳩山一郎組閣時被褫奪公職，因而推薦幣原內閣的外務大臣吉田茂為新總裁。當時糧食危機日趨嚴重，出現反吉田組閣的運動，經過一個空白期，才組成新內閣（第一次吉田內閣）。起初奉行盟軍總司令部的佔領政策，公佈新憲法，制定第二次農地改革的有關法律，及停止戰時補償。由於通貨膨脹加劇，受到工人運動的猛烈衝擊，在二一罷工被禁止後的總選舉中，自由黨降為第二政黨，遂總辭職。

　　1948 年 3 月，自由黨改組為民主自由黨，吉田茂仍任總裁，同年 10 月組閣（第二次吉田內閣）。1949

年 1 月總選舉時，民主自由黨成為唯一大黨；2 月，與民主黨聯合組閣（第三次吉田內閣）。原大藏省官僚池田勇人任大藏大臣，以半年的時間把通貨膨脹轉為通貨緊縮。內閣同時進行大規模的行政調整，簽訂美國主導的《舊金山和平條約》(《對日和約》) 及《日美安全保障條約》。

1952 年 8 月，吉田茂突然解散眾議院，但民主自由黨的議席未過半數，於是聯合一部分民主黨議員的自由黨，組成第四次吉田內閣。次年 2 月，吉田茂在國會答覆質詢時，脫口而出罵人是「混蛋」，為此國會通過不信任案。吉田茂解散眾議院，組織第五次吉田內閣。後來因為造船公司賄賂政府官員案件被揭露出來，吉田茂無法控制黨內的反對派，終於倒台。他執政期間，把保安隊改編為配備陸、海、空體制的自衛隊，建立了戰後日本的保守體制，對此後日本的發展有巨大影響。

【人物群像】

■池田勇人：負責實施道奇計劃

池田勇人（1899-1965），官僚、政治家。生於廣島縣。1925 年京都帝國大學法學部畢業，入大藏省。1947 年 2 月，任大藏省事務次官。次年 3 月，加入民主自由黨。1949 年當選眾議員，並在第三次吉田內閣任大藏大臣。其間負責實施道奇計劃，並作為全權代表參加舊金山媾和會議。後又任石橋湛山內閣藏相和通產相。

道奇計劃是戰後美國底特律銀行董事長約瑟夫・道奇（Joseph Morrell Dodge）以美國佔領軍總部最高經濟顧問、杜魯門特使身份，到日本推行的經濟政策，實施「經濟安定九原則」。

1960 年 7 月，池田勇人當選為自由民主黨總裁，組閣且連任三屆至 1964 年。政治方面，標榜「低姿態，寬容與忍耐」；經濟方面，推行國民收入倍增計劃和經濟高速成長政策。他曾試圖探尋日中復交的道路，但因病未果。

■三木武夫：參加創建民主黨

三木武夫（1907-1986），政治家。1974 年 12 月至 1976 年 12 月任內閣總理。生於德島縣。1937 年畢業於明治大學法學部，在學期間曾留學美國加利福尼亞大學。同年當選眾議院議員，曾在鈴木內閣軍需省任職。

戰爭結束後，三木武夫參加創建協同民主黨。1947 年組成國民協同黨任書記長。同年參加片山內閣，任遞

信大臣，次年又支持芦田內閣。1950 年組成國民民主黨，任最高委員。1952 年參與創立改進黨，任幹事長。1954 年參加日本民主黨，從合作主義小黨匯合到保守政黨。1955 年參加創建自由民主黨，在鳩山第一次、第二次內閣任運輸大臣。次年，石橋湛山任自民黨總裁時，三木武夫任幹事長；在第二次岸內閣中，任經濟企劃廳長官兼科學技術廳長官。其後與岸信介對立，1960 年自民黨在議會強行通過《日美安保條約》時，三木武夫缺席，在第二次池田內閣任國務大臣。

1964 年，三木武夫再任自民黨幹事長。佐藤內閣初期，任通商產業大臣，後調任外務大臣，連任至第二次內閣。1968 年佐藤榮作爭取連任第三次總裁時，三木武夫參加競選。1970 年及 1972 年，兩度競選總裁均落敗。1970 年獲明治大學名譽博士，1971 年訪問中國。1972 年參加田中角榮內閣，不久任副總理。1974 年田中辭職後，由自民黨副總裁椎名悅三郎裁決，出任內閣總理。1976 年 6 月，以洛克希德事件逮捕田中角榮。任滿後，內閣總辭職。此後為自民黨最高顧問之一。三木派由河本敏夫統率，改稱河本派。

■鈴木善幸：主張和睦政治

鈴木善幸（1911-2004），政治家。岩手縣人。1935 年畢業於農林省水產講習所，在大日本水產會工作。戰後，任全國漁業協同組合聯合會職員組合委員長。1947 年以社會黨員身份，當選眾議員。後經社會革新黨、自由黨，至自由民主黨，屬池田派主要成員，九次出任自民黨總務會長，長達十一年；至 1986 年，連續十六次當

選眾議員。歷任內閣郵政大臣、官房長官、厚生大臣、農林大臣。

鈴木善幸具有豐富的黨務和閣僚經驗，被認為是大平派的「台柱」和「管家」。1980 年，首相大平正芳去世，鈴木善幸被推為首相，主張和睦政治。1982 年因經濟政策指導不力，受黨內各派指責，辭職後任自民黨最高顧問。

2.7 田中角榮：實現中日邦交正常化

1. 戰後從政的經歷

田中角榮（1918-1993），政治家。號越山。新潟縣人。做過學徒和見習記者。1936 年畢業於中央工業學校土木建築科，從事建築設計和土木建築包工業，次年創建共榮建築事務所。1938 至 1941 年，應徵入伍服兵役。1943 年，創立田中土建工業株式會社，任總社長。

戰後，田中角榮多次當選為眾議院議員。其初加入民主黨，後退黨，與幣原喜重郎等人組成同志俱樂部，1948 年同志俱樂部與民自黨合併。1954 年，田

中角榮任自由黨副幹事長；次年自民黨成立後，田中角榮在黨內逐漸建立影響力。1957年任岸信介內閣郵政大臣，1961年任自民黨政調會長。1962至1964年，連任大藏大臣；次年起，多次擔任自民黨幹事長。1971年，任佐藤內閣通產大臣。

1972年，田中角榮任自民黨總裁，組閣後，任總理大臣，任內應中國總理周恩來邀請訪華，簽署《中日兩國政府聯合聲明》，實現日中邦交正常化，對發展日中睦鄰友好關係作出了貢獻。

1974年，田中角榮涉嫌洛克希德貪污受賄案件被逼辭職；1976年被捕，後獲保釋。1992年，中日邦交正常化二十週年，田中角榮應邀到中國參加慶祝活動。著有《我的履歷書》、《一個大臣的日記》、《日本列島改造論》等。

2.《日本列島改造論》

田中角榮在競選自民黨總裁時，作為候選人的政治主張，提出改造日本列島方案，並於1972年出版《日本列島改造論》一書。主要內容包括：（一）以高速交通網將日本列島結成一個以東京為中心的整體，為此，擴大、興建高速公路和新幹線；（二）工廠遠離大城市，鼓勵、支持在地方興辦工業；（三）整頓地方

生活環境，培養「中堅城市」（指人口約二十五萬的新型城市），以穩定地方人口。

這個國土開發計劃，旨在解決大城市人口密集和地方鄉村人口過疏問題，當時得到廣泛支持，國民寄予很大期望。但因土地政策欠缺完備的前期準備，引起全國地價暴漲，譽論予以嚴厲譴責。

3. 洛克希德事件始末

1976 年 2 月，美國洛克希德公司副會長在上院一個委員會中證言，日本首相田中角榮於 1972 年 8 月與尼克遜總統會談時，利用其職權購買該公司的飛機，收受五億日元的「報償費」；並通過丸紅公司、全日空和兒玉譽士夫三個途徑，接受一千二百萬美元（三十六億日元）「活動資金」。

田中角榮因此以受賄罪等嫌疑，於 1976 年 7 月被捕；原運輸大臣橋本美登三郎及丸紅、全日空的幹部亦相繼被捕。1971 年開始審理，至 1983 年 10 月，田中角榮被判刑四年，追繳款五億日元。其他有關人士各判刑罰。1989 年，田中角榮退出政界。

【人物群像】

■二階堂進：自民黨田中派骨幹

二階堂進（1902-2000），政治活動家。鹿兒島縣人。1938 年畢業於美國南加州大學政經科，1941 年在該校研究院修畢國際關係科課程。從 1966 年底開始，歷任北海道開發廳和科學技術廳長官，內閣官房長官、自民黨幹事長、總務會長、副總裁、最高顧問。1987 年中，竹下派─田中派獨立後，二階堂進成為舊田中派首腦。1991 年獲聯合國和平獎。

二階堂進主張中日友好，1972 年陪同田中角榮及外相大平正芳訪問中國。他因精通英語，被視為親美派。1986 年南加州大學授予名譽法學博士。

■大平正芳：對發展中日關係作出貢獻

大平正芳（1910-1980），昭和後期政治家。香川縣人。1936 年畢業於東京商科大學（現為一橋大學），同年入大藏省任職。曾任大藏大臣池田勇人的秘書官、大藏省主計局科長等職位。

1952 年起，大平正芳多次當選為眾議院議員。1962 年起，任第二次、第三次池田內閣外務大臣。1967 年，任自民黨幹事長。次年，任佐藤內閣通產大臣。1972 年，在第二次田中內閣任外務大臣，與田中角榮訪華及支持他簽署《日中聯合聲明》。1974 年任三木武夫內閣大藏大臣，同年再次訪華，簽訂《日中貿易協定》。

1978 年，大平正芳當選自民黨總裁，組閣後任總理

大臣；翌年第三次訪華，簽訂《日中文化交流協定》。
對外積極提出首腦外交，倡導環太平洋合作構想。對內
則以提高社會福利，改善國民生活為施政方針。任內因
過勞逝世。

■伊東正義：中國的「人民友好使者」

伊東正義（1913-1994），政治活動家。福島縣人。
1936 年畢業於東京帝國大學法學部，戰時曾在興亞院駐
南京辦事處任職。戰後，由 1963 至 1990 年，九次當選
眾議院議員。屬自民黨大平派，曾任大平正芳內閣官房
長官。

1980 年中，大平正芳去世，伊東正義代理首相之
職，其後擔任外相、自民黨政調會長、總務會長。任自
民黨政治改革推進本部長期間，主張改革金錢政治。

伊東正義重視發展日中友好關係，曾任日中友好議
員聯盟會長、日中友協副會長，是中日民間人士會議日
方主持人之一。1991 年，中國人民對外友好協會授給伊
東正義「人民友好使者」稱號。

2.8 中曾根康弘：主張日本成為「國際國家」

中曾根康弘（1918-2019），昭和時期至平成時
期政治家。群馬縣人。1941 年東方帝國大學法學部政
治學科畢業，入內務省任職。曾參加海軍，任軍需少

尉；1945 年日本戰敗投降時，為軍需少校。

其後，中曾根康弘在內務省任地方事務官，警視廳警視、監察官司等職。1947 年組織青雲塾，加入民主黨，以「防止赤化」、「熱愛祖國」為口號參加競選，當選眾議院議員。1952 年加入改進黨任中央委員，是黨內革新派北村德太郎系統的少壯派。1954 年參加斯德哥爾摩和平會議後，作為訪蘇、訪華議員團成員，第一次訪問中國。

1955 年自由民主黨成立，中曾根康弘任副幹事長，屬河野一郎派。1959 年首次入閣，歷任科學技術廳長官、運輸相、防衛廳長官、通產相、行政管理廳長官，及自民黨總務會長、幹事長。1966 年河野派分裂時，他率領二十二人組成中曾根派。次年，出任拓殖大學校長、名譽校長。

1982 年，中曾根康弘任自民黨總裁及內閣首相。在任期間，提出「戰後政治總決算」和日本成為「國際國家」的主張，加強日美關係，並承認日本對中國的戰爭是「侵略戰爭」。1987 年辭職後，任自民黨最高顧問。1989 年因涉嫌利庫路特醜聞案，到國會作證，並脫離自民黨。

其後，中曾根康弘恢復加入自民黨。曾連續十八次當選議員。著有《青年的理想》、《國際形勢與日本

的作用》、《綜合安全保障論》、《新保守理論》、《我的政治生活》等。

【人物群像】

■安倍晉太郎：自民黨眾議員（福田派）

安倍晉太郎（1924-1991），昭和後期政治人物。山口縣人，生於東京。1949 年東京大學政治學科畢業。曾任《每日新聞》政治部記者，後來成為總理大臣岸信介的秘書。1958 年起多次當選眾議員，屬福田派。1979 年任農林省政務次官。1974 至 1976 年，任三木內閣農林大臣；1977 至 1978 年，任福田內閣官房長官。1981 年任鈴木內閣通產大臣，次年任中曾根內閣外務大臣。他與竹下登、宮澤喜一並稱中曾根康弘之後的政壇「三領袖」，在即將出任首相前夕突然去世。

安倍晉太郎是岸信介的女婿，是自民黨少壯派議員組織重建黨議員同盟的代表召集人之一，也是自民黨政策集團自由社會研究會的成員。次子安倍晉三後來出任首相。

■後藤田正晴：田中派自民黨眾議員

後藤田正晴（1914-2005），警察廳長官、田中派骨幹分子之一。德島縣人。1939 年東京帝國大學政治學科畢業。曾任富山縣勞政課課長、神奈川縣商政課課長、

內務省地方局事務官、警務課課長等職，1959 年任自治省稅務局局長。1962 年任警察廳官房長，次年任警備局局長。1965 年任警察廳次長。1969 年任長官。

1972 至 1973 年，後藤田正晴任內閣官房副官房長官。1976 年起，曾多次當選眾議員。1979 至 1980 年，任第二次大平內閣自治大臣。其後任眾議院交通安全對策特別委員會委員長、預算委員會委員。1982 年開始，任中曾根內閣官房長官。有《後藤田正晴回憶錄》。

■金丸信：在國會開展活動的自民黨元老

金丸信（1914-1996），政治家。山梨縣人。東京農業大學農學部畢業。1958 至 1990 年間，十二次當選眾議院議員，是自民黨田中派—竹下派主要成員，歷任建設相，國土廳、防衛廳長官，副總理，自民黨幹事長、副總裁等職，有「政界調解人」之稱，主張在妥協中求得共識和支持。

1980 年代後期，金丸信主張對政界進行大改組，由自民黨和其他政黨的保守勢力組成新的保守黨，建立兩黨體制，藉此打破日本政治的沉悶局面。1992 年因違反政治資金限制被揭露，辭去自民黨副總裁、眾議員職務，退出政界。

■竹下登：多次訪問中國的首相

竹下登（1924-2000），昭和後期至平成時期政治家。島根縣人。1947 年畢業於早稻田大學商科，1951 年當選島根縣議員。1958 年起，多次當選為眾議院議員。1963 年任通產省政務次官，次年任內閣官房副長官。1971 年

和 1974 年，他先後擔任佐藤榮作內閣和田中角榮內閣官房長官。

　　1972 年，竹下登任自民黨副幹事長；同年，隨日中邦交正常化協議會訪華團到中國訪問。1976 年，任三木武夫內閣建設大臣；1978 年，任眾議院預算委員會委員長。次年，任大平正芳內閣大藏大臣。1982 年任中曾根康弘內閣大藏大臣，次年連任。1987 年當選自民黨總裁，組閣後任總理大臣，在任內和卸任後，多次訪問中國，曾經到過敦煌，是注重文化交流的一種表現。

第三章

經濟、社會與言論

經濟學者的共同看法認為，1945 年的日本經濟倒退了二十五年；1950 年的時候，才恢復到戰前水平（除對外貿易）。要到 1955 年，然後超過第二次世界大戰前的最高水平。1968 年，明治維新一百週年，日本的經濟增長超過西德，成為僅次於美國、蘇聯的世界第三個經濟大國，躍居富國之林，被譽為「亞洲奇蹟」。

戰敗初期，日本經濟陷入混亂狀態，1947 年開始重建，1948 年 10 月吉田茂重組內閣至 1950 年，是日本經濟從通貨膨脹走向實現經濟穩定的計劃時期，因朝鮮戰爭爆發而出現巨大轉變。美國為復興日本經濟而制定的經濟九原則，主要內容有：（一）實行單一匯率，一美元折合三百六十日圓；（二）超均衡預算，藉着削減補助金及強化徵稅，來抑制通貨膨脹；（三）「見返資金」，特指美元物資在日本傾銷後所得資金的使用和輸入先行主義。

道奇計劃的實行，對於日本壟斷資本主義的恢復，亦起了不可忽視的促進作用。1950 年日本遂進入經濟逐漸復興期，1952 年後達於經濟自立和成長，連續出現了幾次景氣：

（一）神武景氣—— 1956 至 1957 年，日本經濟於 1955 年超過第二次世界大戰前的最高水平。神武

是日本第一代天皇。

（二）岩戶景氣—— 1958 至 1960 年，日本經濟高度發展。岩戶是日本神話故事中最高天神天照大神的住地。

（三）奧林匹克景氣—— 1964 年東京舉行第十八屆奧林匹克運動會，帶動經濟好景。

（四）伊奘諾景氣—— 1965 至 1970 年，是重化工業發展期。伊奘諾是神話故事中的日本國土創造者，是天照大神的生父。神話說到這裏，已經達到頂峰。

1980 年代，日本朝着國際化方向發展；至 1990 年代，泡沫經濟爆破，經濟放緩，自此陷入經濟低迷期。直至平成時期，日本經濟都沒有轉機。

在戰前財閥的基礎上，戰後重新加以組合，從而建立起現代日本的企業集團，主要有三菱集團、三井集團、住友集團、富士集團、三和集團及第一勸集銀行集團。（表 8）企業集團以銀行為中心，稱為財團，由經理會進行協調和控制，每個企業都可以與集團外的企業互相持股，進行人事交流，並從外部取得借款，這與戰前財閥家族式總公司的獨裁管治和封閉體制是不同的。

表 8 戰後日本六大企業集團

集團名稱	企業狀況
三菱集團	• 經理會：金曜會（1955 年成立） • 核心金融企業：三菱銀行、三菱信託銀行、明治人壽保險公司、東京海上火災保險公司。 • 三大支柱：三菱銀行、三菱重工、三菱商事。
三井集團	• 經理會：二木會（1961 年成立） • 支柱企業：三井銀行、三井不動產、三井物產。
住友集團	• 經理會：白水會（1952 年成立） • 住友三大家：住友銀行、住友金屬、住友化學。
富士集團 （芙蓉集團）	• 經理會：芙蓉會（1966 年成立） • 核心企業：富士銀行、丸紅商事公司。
三和企業	• 經理會：三水會（1967 年成立） • 三和三大家：日立造船、帝國人造絲公司、宇部興產。
第一勸業銀行集團	• 經理會：三金會（1978 年成立） • 支柱企業：第一勸業銀行、伊藤忠商事。

　　言論方面，日本作家、學者撰著關於中國的作品，戰時和戰後初期發表的，有一些頗可注意，他們的中國文化觀不容忽視。戰時，武田泰淳的《司馬遷》（戰後再版改題《史記的世界》）、竹內好的《魯迅》，

別具一格，以透徹的眼光觀察混亂的世局，而託希望於往後的時代。

3.1 石川一郎：經團聯首屆會長

1. 致力組織各種經濟團體

石川一郎（1885-1970），經營者。生於東京。畢業於東京帝國大學工學部。1915年進入其父經營的關東製氧公司工作，該公司是日產化學工業公司的前身，石川一郎於1941年任社長，並任化學工業統制會會長。

戰後，石川一郎致力於各種經濟團體的組織工作。1946年任經團聯代表理事，1948年擔任首屆會長，至1956年讓位給石坂泰三。石川一郎自任原子能委員會委員、核能船開發事業團首任理事長，專心於原子能相關活動。

2. 關於經濟團體聯合會

1946年成立的經濟團體聯合委員會，1952年改名經濟團體聯合會，簡稱經團聯，是由日本資本家團體和大企業聯合組成的全國性經濟組織。主要任務是

加強各產業經濟團體間的聯繫，就有關的經濟問題進行調查，向國會、政府和自民黨反映財界的建議及要求，並促進其實現。經團聯自稱是一個「提供政策」的機構，對日本經濟和政治有很大影響力。

經團聯會長有「財界總理」之稱，歷任會長包括石川一郎、石坂泰三、植村甲午郎、土光敏夫、稻山嘉寬等。經團聯亦與歐美多個國家和地區舉行國際會議，商討國際經濟問題的解決辦法。

【人物群像】

■石坂泰三：推動日本經濟高速成長

石坂泰三（1886-1975），企業經營者。生於東京市。其父為農商省官吏。1911 年，畢業於東京帝國大學法律學科，入遞信省，先後在郵政貯金局、東京遞信管理局、匯兌貯金局任職。1915 年辭職，加入第一生命保險公司工作，1938 年任社長。

1946 年，石坂泰三將社長職位讓給兒子。1948 年參加東京芝浦電氣公司，次年至 1957 年擔任社長。1956 年 5 月至 1968 年 5 月，任經團聯第二屆會長，對日本經濟高速成長起了一定作用。1970 年獲頒勳一等旭日大綬章，1975 年獲頒勳一等旭日桐花大綬章。

1958 年，石坂泰三協助山下太郎設立阿拉伯石油公司，任董事長，推進石油資源開發。1963 年任日本工業俱樂部理事長，1965 年任日本萬國博覽協會會長。

■植村甲午郎：為統籌政治捐款奔走

植村甲午郎（1894-1978），官吏。生於東京。父親是札幌啤酒公司的創辦人。他在東京帝國大學政治學科畢業，入農商務省任職，1927 年調內閣資源局；1937 年調企劃院，1940 年任次長。次年，任石炭統制會理事長。

戰後，植村甲午郎被褫奪公職。1952 年，任經團聯副會長，為統籌政治捐款四處奔走。1968 年繼石坂泰三之後出任會長，在日美纖維談判中活躍一時。1974 年任名譽會長。

■土光敏夫：素有「財界總理」之稱

土光敏夫（1896-1988），企業家。岡山縣人。1920年畢業於東京高等工業學校機械科，後留學歐美。1936年入石川島造船所工作，後轉到石川島芝浦渦輪船公司，1946 年任社長，1950 年任石川島重工業公司社長，進行合理化改革。1960 年，兩公司合併為石川島播磨重工業公司，土光敏夫仍任社長，1964 年任董事長。次年任東京芝浦電器公司社長。

1973 年開始，土光敏夫多次訪問中國。1974 年任經濟團體聯合會會長，1976 年連任。1980 年辭職後改任顧問，同年任日中經濟協會會長。1987 年，任臨時行政調查會會長。土光敏夫在日本財界很有影響力，著有《經營的行動指南》。

3.2 都留重人：首撰日本經濟白皮書

1. 一橋大學教授及校長

都留重人（1912-2006），經濟學家。生於東京。他在第八高等學校就讀期間，因參加學生運動，被逼於高中二年級時退學。1931 年到美國讀書，1935 年考入哈佛大學研究生院，攻讀經濟學。1940 年獲博士學位，留校擔任助教和講師。其間，師從國際經濟學家熊彼特（Joseph Alois Schumpeter）。

1941 年底太平洋戰爭爆發後，都留重人回國，1944 年應召在外務省供職。1947 年在片山哲內閣的經濟安定本部（現經濟企劃廳），擔任綜合調整委員會副委員長，並執筆起草戰後日本第一部《經濟白皮書》。1948 年任東京商科大學（現為一橋大學）教授，1972 年成為一橋大學校長。1974 年任國際經濟學會副會長。

1975 年都留重人退休後，應聘為朝日新聞社社論顧問。1986 年，任明治學院大學教授。他治學的最大特點，是重視對實際問題的研究。著有《體制變革的政治經濟學》、《日本經濟奇蹟的終結》、《日本經濟的轉機》等，有《都留重人著作集》十三卷。

2. 日本的《經濟白皮書》

經濟白皮書是由政府定期發佈，闡述經濟情況和經濟政策的文件，通常是每年一次，1947 年創自英國政府，封面為白色，故名，日文稱為「經濟白書」。日本第一本經濟白皮書原名《經濟實況報告書》，1947 年由經濟安定本部發表，都留重人主持編寫，又名《都留重人白皮書》。

此後，日本每年均發表《經濟白皮書》，相繼由經濟安定本部、經濟審議廳、經濟企劃廳編寫，毋須經國會通過，而由政府發表。《經濟白皮書》對闡述日本的經濟政策，有很大的作用。每年的標題都扣緊當時的經濟形勢，例如第一次以「政府、企業、家庭赤字」為題，反映了戰後初期日本社會所處的困境；1977 年以「安定成長」為題，展示日本在新的內外環境下謀求經濟穩定增長的選擇。

【人物群像】

■高橋龜吉：被譽為「經濟之神」

高橋龜吉（1891-1977），經濟評論家、經濟史研究者。山口縣人，1916年畢業於早稻田大學，入東洋經濟新報社，與石橋湛山同以日本民間經濟學聞名，處女作《經濟學之實際知識》甚獲好評。1932年創立高橋經濟研究所，刊行《高橋財界月報》。

戰後，高橋龜吉在《日經新聞》撰稿，任通產省顧問、拓殖大學教授及名譽教授，獲勳二等瑞寶獎、文化功勞獎等。主要著作有《大正昭和財界變動史》三卷、《日本近代經濟形成史》三卷、《日本近代經濟發達史》三卷及《我的實踐經濟學》。

■有澤廣巳：對政府經濟政策提出建議

有澤廣巳（1896-1988），經濟學家、統計學者。高知縣人。1922年畢業於東京帝國大學經濟學部，留校任教，教統計學，1924年升副教授。1926至1928年先後到德國、美國留學，傾向馬克思主義。1937年底，因教授集團事件，與大內兵衛等被檢舉，翌年捲入人民戰線事件。1942年判決徒刑三年，緩刑三年；1944年二審判決無罪。

戰爭結束後，有澤廣巳於1945年11月返回東京大學任教授，對政府經濟政策有頗多建議；次年，提出傾斜生產方式，主張把資材優先投放到煤炭和鋼鐵上。1949至1950年，任東大經濟學部部長。1956年退休，

獲名譽教授稱號。

1959 至 1962 年，有澤廣巳任法政大學校長。1973年任原子能產業會長，同年任學士院第一部長。1979年任日中人文社會科學交流協會會長，致力於中日兩國的文化交流。1980 年任學士院院長。

■下村治：推動日本經濟持續高速增長

下村治（1910-1989），經濟評論家。生於佐賀市。東京帝國大學經濟系畢業，獲經濟學博士學位。其後，擔任日本開發銀行理事、日本經濟研究所所長。戰後成為代表性的官廳經濟學家。

1958 年前後，下村治提出歷史勃興期說，認為當時的日本經濟可以高速增長。這一理論觀點通過「在庫論爭」和「成長論爭」，得以充分展開，結果由下村治負責制定《國民收入倍增計畫》，推動日本經濟持續高速增長。獲旭日章。他是「積極財政」的支持者，亦預見高度成長的結束，別具慧眼，著有《日本經濟成長論》。

■大來佐武郎：官廳經濟學派代表人物

大來佐武郎（1914-1993），經濟學家。生於中國大連市。1937 年東京帝國大學工學院畢業。1947 年，赴聯合國亞洲及遠東經濟委員會事務局工作。1964 年當選為日本經濟研究中心理事長。1973 至 1977 年，任海外經濟合作基金總裁。此外，還曾擔任日本經濟研究中心會長、外務大臣等職。

大來佐武郎是日本官廳經濟學派的重要代表人物、日本企劃廳學派第二代人物。他較為注重經驗和政策研

究，有領先一步的觀察力。總共四次執筆撰寫《經濟白皮書》，被稱為「實證分析的白皮書」，在日本經濟白皮書的歷史中，確立了顯要地位。

大來佐武郎的著作甚多，主要有《亞洲經濟與日本》、《經濟計劃》、《明天的日本經濟》、《大來報告》、《危機四伏的經濟戰略》等。另有譯著多種。

3.3 一萬田尚登：日本銀行總裁

1. 自由民主黨顧問

一萬田尚登（1893-1984），銀行家。大分縣人。1918 年畢業於東京帝國大學法學部，入日本銀行，歷任地方分行行長、考查部門要職，1944 年任日本銀行理事。1946 年起任總裁八年間，執行美國佔領軍司令部指示，防止通貨膨脹，及控制貸款。他獲得經濟顧問的信任，於 1949 年規定一美元的匯率等於三百六十日元；同年新設日本銀行政策委員會，他當選為主席。

1951 年 9 月，一萬田尚登任舊金山媾和會議全權委員之一，隨全權代表吉田茂出席會議。1954 年底，

他辭去日本銀行總裁職位，任鳩山內閣大藏大臣。1955 年 2 月當選眾議員，至 1969 年引退。

2. 日本銀行：國家中央銀行

日本銀行創於 1882 年，旨在整頓貨幣、確立近代貨幣和信用制度，1890 年後，對其他國立銀行和普通銀行提供產業信貸。1920 年後，開始發放各種救濟信貸。1942 年公佈《日本銀行法》，確立通貨管理制度。

戰後，日本銀行的地位更為重要，其作用包括：（一）發券銀行；（二）銀行的銀行；（三）政府銀行；（四）利用上述地位實施金融政策。

【人物群像】

■出光佐三：經營石油業的實業家

出光佐三（1885-1981），企業經營者。福岡縣人。神戶高等商業學校畢業。1911 年在門司創設出光商店，至 1940 年改稱出光產業公司。他將石油特約銷售店推廣到九州各地，更擴大到朝鮮、中國和南洋。

戰爭結束後，出光佐三派日章號油船到伊朗，直接輸入原油。1957年設立德山製油所，實現了由輸入、精煉到銷售的經營體制。1962年，第三代日章號油船（十三點二萬噸）開航；1966年，二十一萬噸的出光號油船開航。1967年，在千葉製油所完成重油直接脫硫裝置。出光佐三用民族資本方式經營石油業，長達數十年之久。1972年自稱店主。著有《人間尊重七十年》。

■河合良成：「孤軍奮鬥三十年」

河合良成（1886-1970），企業經營者。富山縣人。其父經營造酒業和航運業。1911年他畢業於東京帝國大學政治學科，入農商務省至1919年辭職，同年任東京股票交易所經理，後升常務理事。1924年，與理事長鄉誠之助一起辭職。1934年因帝國人絹公司股票收買問題受到牽連，1937年底宣判無罪。1942至1943年，任東京市市長助理。1944年，任運輸通信省海運總局船舶局長。

日本戰敗後，1945年10月，河合良成在農林大臣松村謙三下任次官；1946年1月辭職，3月當選貴族院議員，5月在首屆吉田內閣任厚生大臣。1947年受到褫奪公職處分，1950年撤銷。

1947至1961年，河合良成任小松製作所社長，並兼任第百生命保險公司社長。1952至1953年間，被選為眾議院議員，屬鳩山派。1964年及1966年兩度訪問中國，致力於日中友好工作。著有《我的人生道路》、《孤軍奮鬥三十年》等。

■小林中：從事鐵路和運輸

小林中（1899-1981），銀行家、企業經營者。山梨縣人。曾在早稻田大學政經學部肄業，1929 年入富國徵兵保險公司，得根津嘉一郎賞識，四年後任社長。1940年為處理根津嘉一郎的遺產，結識了時任大藏省課長的池田勇人。

戰後，小林中經營東京急行電氣鐵道公司，於 1946年任社長。1951 年任日本開發銀行總裁，至 1957 年引退。小林中與櫻田武等，支持池田勇人的政治活動。其後，擔任阿拉伯石油公司社長、日本航空董事長等職。

■櫻田武：「財界四天王」之一

櫻田武（1904-1985），企業經營者、經濟團體主持人。廣島縣人。1926 年畢業於東京帝國大學法學部，入日清紡織公司，得到社長宮島清次郎的賞識，後於 1945年任社長，1964 年任董事長。

因宮島清次郎支持吉田茂，櫻田武追隨支持日本自由黨；他與池田勇人是同鄉，為池田引見吉田茂。1960年池田內閣成立後，櫻田武與小林中、永野重雄、水野成夫並稱「財界四天王」，是支持保守本流的財界人物。

櫻田武其初加入經濟同友會，1948 年參與創設日本經營者團體聯盟，後於 1974 年任會長。

■稻山嘉寬：號稱「鋼鐵大王」

稻山嘉寬（1904-1987），企業經營者、經濟團體主持人。生於東京銀座。1927 年畢業於東京帝國大學經濟學部，次年入商工省，被派到八幡製鐵所。該所與富士

製鐵所等於 1934 年合併為日本製鐵（簡稱日鐵），稻山嘉寬留任至 1941 年調到鋼鐵統制會。

戰後，稻山嘉寬返回日鐵。1950 年，日鐵重新分為八幡和富士，他仍於八幡任職。1958 年率領日本鋼鐵業代表團與中國簽訂鋼鐵原料和鋼材協定。1960 年任八幡製株式會社副社長，1962 年任社長，其間致力於推進八幡與富士合併為新日本製鐵株式會社，稻山嘉寬於 1970 年出任社長，至 1973 年任董事長。1978 年他再次訪問中國時，與中國簽訂日中長期貿易協定。1980 年任經濟團體聯合會會長，次年任新日本製鐵株式會社名譽會長。

3.4 松下幸之助：著名電器製造商

1. 創辦松下電器產業及 PHP 研究所

松下幸之助（1894-1989），被譽為「經營之神」的企業家。生於和歌山。其父為小糧商，經營不振。松下幸之助九歲時，到大阪當學徒；1910 年入大阪電燈廠當見習工，晚間在關西商工學院上學。1918 年自設松下電氣器具製作所，1923 年製造自行車專用電池掛燈，1933 年製造綜合電機；1935 年改組為松下電器產業會社，自任社長。戰時從事軍需生產。

戰爭結束後，松下電器產業會社被指定解散，並褫奪松下幸之助的公權。1947 年撤銷處分，1950 年恢復會社。1952 年與荷蘭菲利浦公司合作，大量生產家庭電化用具，電視機、洗衣機、冰箱等銷售全國，並且大量出口。1961 年任會長，1973 年任顧問。其經營管理有獨創之處。著有《經營的本質》、《自來水哲學：松下幸之助自傳》等。

2. 松下電器產業株式會社

　　第二次世界大戰後，松下電器產業株式會社發展成為日本最大的家用電器製造商之一。1918 年成立時，只是一個生產電燈插頭和插座的小作坊，1935 年始稱株式會社，並增加電器產品生產線及產品種類，當時已能生產一般家用電器。

　　1950 年代，松下公司轉向生產黑白電視機、錄音機、立體聲等高檔消費品及大型家用電器。由於在科研和開發上肯投資，而又注重創新，在國際上享有盛譽，號稱「家電王國」。1980 年代後期，在國內有七十多家子公司，職工總數逾四萬人。總部設在大阪府門真市，商標為 National。1990 年代起，一般影音及文儀器材使用 Panasonic 品牌。

3. 家用電器的開發和普及

1950 年代初，日本由於吸收了美國先進的技術，國內外需求日益擴大，家用電器的生產持續高速增長。至 1960 年代前期，洗衣機、黑白電視機、電冰箱（雪櫃）這「三大件」備受歡迎，在一般家庭中普及起來；1970 年代後，就進入彩色電視機時代。受到石油危機的打擊，家用電器行業採取開發能源新品種的措施，比歐美先行一步，加強了競爭力。

由於彩色電視機對美國出口受到限制，日本於 1970 年代後期實行「自主規劃」，在此之前，索尼公司在加利福尼亞州的聖迭戈建立彩色電視機工廠，松下公司收購了摩托洛拉公司的電視機工廠。家用電器的普及率達於飽和之後，就是更新換代的問題了；此外，又致力於開發歐美以外的市場。考慮到進口國的風土人情和生活習慣，產品設計推陳出新，有強大的競爭力。

4. 株式會社 PHP 研究所

松下幸之助於 1946 年創立株式會社 PHP 研究所，是一個民間智庫暨出版社，有東京總部和京都總部。PHP 是英文 Peace and Happiness through Prosperity 的縮寫，即希望透過心靈與物質兩方面的繁

榮和興盛，達到和平與幸福。

2010 年以前，PHP 研究所的智庫和出版社是分開運作的；其後合併，以經營出版事業為主。智庫經常舉辦論壇等活動，向有關方面提供政策建議；出版物包括機關誌《PHP》月刊及 PHP 新書、PHP 文庫等。

【人物群像】

■伊藤忠兵衛：創辦伊藤忠商事

伊藤忠兵衛（1886-1973），實業家。滋賀縣人。八幡商業學校畢業，留學英國，後從其父忠兵衛承繼絹緞批發「紅忠」，襲名為第二代並以此為基礎，創辦伊藤忠商事、丸紅商店、吳羽紡織等企業。1941 年，伊藤忠商事與丸紅商店、岸本商店（鋼鐵商行）合併為三興；1944 年，又與吳羽紡織、大同貿易合併為大建產業。

1948 年，根據《排除經濟力量過度集中法》，被指定分割為伊藤忠商事、丸紅、吳羽紡織、尼崎製釘所四家公司。伊藤忠兵衛曾任各社社長、董事長，其後又任東洋紙漿公司董事長。他也擔任過通商產業省的顧問。「近江商人」發祥地滋賀縣，設有伊藤忠紀念館。

■佐伯勇：經營近畿日本鐵道公司

佐伯勇（1903-1989），實業家。愛媛縣人。1926年畢業於東京帝國大學法學部，入大阪電氣軌道公司。1944年，該公司改名為近畿日本鐵道公司（近鐵）。

戰爭結束後，佐伯勇於1947年任專務董事，在大阪和名古屋之間，開行指定座位特快車。1951年任社長，1959年在公司遭受颱風災害後，推行全線雙軌化。1971年，佐伯勇任大阪商工會議所會長。同年擔任關西財界代表團團長，到中國訪問。1974年，任經團聯副會長。

■本田宗一郎：本田汽車王國創始人

本田宗一郎（1906-1991），企業家。靜岡縣人。幼年家境貧寒，小學畢業後在汽車修理廠做學徒。1923年關東大地震發生時，他曾用修理的一輛機器腳踏車參加救援工作，受到啟發，立志經營汽車製造。1928年回故鄉，經營汽車修理業務。用三年時間學習金屬學。

1946年，本田宗一郎成立本田技術研究所，從事摩托車的研製和生產。1948年，正式成立本田技研工業公司，曾赴歐洲考察摩托車的先進生產情況，幾年後本田公司終於成為世界最大的摩托車製造公司。1963年開始生產汽車，1970年代成為日本三大汽車公司之一。

本田宗一郎擅長技術的鑽研和開發，曾獲一百多項發明專利。1971年獲意大利國家勳章，1979年獲美國哈佛大學名譽博士學位，1980年獲美國機械工程師學會荷利獎，1981年獲日本勳一等瑞寶章。

■盛田昭夫：索尼公司董事長

盛田昭夫（1921-1999），實業家。愛知縣人。1944年畢業於大阪大學理學部物理學科，曾任東京工業大學附屬專門部講師。1946年5月，創設東京通信工業公司，任理事，翌年5月任常務理事；1950年11月，任專務理事。1958年該公司改名為索尼（Sony）公司，翌年盛田昭夫任副經理；1971年任經理，1976年任董事長。他曾多次訪問中國。

盛田昭夫著有《學歷無用論》、《日本製造》、《新實力主義》等。1988年與石原慎太郎合著《日本可以說「不」》，書中充滿了大國主義主張。

■井深大：索尼公司的共同創辦人

井深大（1948-1997），著名企業家、教育家。生於栃木縣日光市。早稻田大學畢業，在東京日本橋成立東京通信研究所。邀請盛田昭夫加入共同經營，於1946年成立東京通信工業株式會社。盛田昭夫任常務理事，主管營銷；井深大任技術顧問，主管專務。

1958年，使用Sony商標作為會社名。1961年，索尼發表了井深大親自加入開發的特麗霓虹（Trinitron）顯像管技術，使該公司生產的電視機在全球熱賣。

井深大熱衷於教育事業，在幼兒教育方面提出很多主張，引起注意，被稱為井深理論。1972年成立索尼教育振興基金，專門負責開展教育方面的公益活動。1986年獲頒勳一等旭日大綬章。

3.5 高崎達之助：推動中日兩國民間貿易

1. 戰前的活動

高崎達之助（1885-1964），政治家、企業家。生於大阪。1908 年在農商務省水產講習所（東京水產大學前身）畢業，1912 至 1916 年留學美國、墨西哥，學習水產和罐頭工業，回國後創立東洋製罐株式會社。

1930 年代中，高崎達之助創辦東洋鋼板和東洋機械株式會社。1941 年到中國東北，擔任滿洲飛機製造公司理事長；其後，出任滿洲重工業開發會社副總裁、總裁。

2. 戰後的事蹟

戰後，高崎達之助負責海外日本人遣返工作。1947 至 1951 年，受到剝奪公職處分。1952 年出任電源開發株式會社總裁，1954 至 1956 年任鳩山內閣經濟審議廳（後改組為經濟企劃廳）長官。1955 年以日本代表團團長身份，出席萬隆會議。1958 至 1960 年，任第二次岸信介內閣通商產業大臣兼科學技術廳長官。1960 年，高崎達之助應中國總理周恩來的邀請訪華。1962 年率領日本經濟代表團訪問中國，與中

日友好協會會長廖承志簽署《關於日中綜合貿易備忘錄》。「廖一高貿易」亦稱「LT貿易」，與「友好貿易」相輔相成，在中日兩國恢復邦交之前，推動了彼此的民間貿易與友好發展。

【人物群像】

■前川喜作：以共同生活培育人格

前川喜作（1895-1986），關心教育的實業家。奈良縣人。1920年畢業於早稻田大學理工學部。1924年創辦前川商店，1937年改為前川製作所。他對母校擴展作出了貢獻，被推為校賓、評議員、顧問等。

1955年，前川喜作在東京都文京區創辦和敬塾，作為男子大學生、研究生住宿及增進學養的場所，透過共同生活實行人格教育，培養作為社會人的知性和德性，對中國留學生也多所關顧。

■藤山愛一郎：由財界轉入政界

藤山愛一郎（1897-1985），實業家、昭和後期的政治活動家。生於東京，是大資本家藤山雷太的長子。慶應義塾大學中退，留學英國，歷任大日本製糖、日本化學、日本製紙社長、工商會議所會頭。1917年及1937年曾兩度訪華，加深了對中國的認識。

戰後，藤山愛一郎曾任岸信介內閣外務大臣，池田內閣、佐藤內閣的經濟企劃廳長官。自民黨總務會長。1955 年參加萬隆會議，與中國總理周恩來會談後，積極主張擴大日中貿易和恢復日中邦交，擔任促進恢復日中邦交議員聯盟會長。1967 年獲頒勳一等旭日大綬章。

藤山愛一郎於 1970 至 1971 年三次訪華，參與備忘錄貿易談判和復交談判。1972 年日中復交，他應邀參加中日友好協會舉辦的盛大招待會。次年出任日本國際貿易促進協會會長，對簽訂日中友好條約及兩國直航等發揮了重要作用。有畫集及回憶錄等著作。

■岡崎嘉平太：促進中日友好人士

岡崎嘉平太（1897-1989），實業家及金融、企業管理家。岡山縣人。1922 年畢業於東京帝國大學法學部，其後在日本銀行工作，歷任外匯局次長、參事等職。1929 年，他被派往德國任日本銀行駐柏林辦事處職員；1937 年中日戰爭全面爆發後，任上海華興銀行理事、日本政府大東亞省參事官等職。

日本戰敗後，岡崎嘉平太回國。1949 至 1957 年，任池貝鐵工株式會社社長。1961 年任全日本航空株式會社社長，次年，任高崎達之助訪華團副團長，參加日中綜合貿易協定的談判。1964 年，任日中綜合貿易聯絡協議會會長。1972 年，任日中經濟協會常任顧問。1978 年獲一等瑞寶勳章。1981 年任日本航空協會會長。

1984 年，岡崎嘉平太到中國出席第二次日中民間人士會議；同年作為日中青年研修協會代表團團長，到中

國參加中日青年友好聯歡。他前後多次訪問中國，長期致力促進中日友好關係。著有《我的道路》、《了解中國問題之路》、《我所想的日本問題》等。

3.6 鈴木大拙：有「世界禪者」之譽

1. 創建東方佛教徒協會

鈴木大拙（1870-1966），佛學家、禪宗研究者。原名貞太郎。石川縣金澤市人。東京帝國大學肄業，主修英語。在圓覺寺參禪，受「大拙」稱號。1897年赴美國留學，長達十二年之久。回國後任東京帝國大學講師、學習院教授，1921年任大谷大學教授。

鈴木大拙創建東方佛教徒協會，潛心修禪，並向外國介紹佛教及日本文化，影響甚廣。1933年將《楞伽經》譯成英語。次年訪問中國，與胡適就佛學禪宗展開論戰。1949年獲文化勳章。著有《般若經之哲學與宗教》、《華嚴之研究》、《禪與日本文化》、《禪學入門》、《禪思想史研究》、《中國古代哲學史》、《佛教與基督教》等逾百種，編為《鈴木大拙全集》

三十二卷。

　　金澤市的鈴木大拙紀念館，由建築師谷口吉郎設計，鄰近兼六園文化區，介紹鈴木大拙的生平和作品。該館以極簡主義詮釋鈴木大拙的思想。

2. 日本學者把禪宗傳到西方

　　禪宗是以座禪為主要修行方法的佛教派別之一，認為修行時靜坐斂心，止息雜念，持之以恆，即可以達到大徹大悟的境界。起源於印度，相傳六世紀時傳入中國，又於鎌倉、江戶時代傳到日本。除宗教界外，對學術、文藝和社會生活等各方面都有很大影響。

　　鈴木大拙不僅是日本著名禪宗研究者和思想家，更被認為是將禪傳到世界多個地方的佛教哲學家。他用英文寫了很多有關禪學的著作，在西方思想界引起了很大反響。他的研究範圍，還包括華嚴、淨土等佛教思想。

　　繼鈴木大拙之後，久松真一被認為是日本最重要的佛教思想家，他曾任京都大學教授，亦為西田幾多郎創立的京都學派重要成員之一。著有《禪與美術》。他還是一位茶道專家，自號「心茶道人」。

【人物群像】

■牧口常三郎：成立創價學會

牧口常三郎（1871-1944），昭和前期的宗教活動家。生於新潟縣柏崎市。1893 年畢業於北海道導常師範學校，任教員。1901 年到東京，從 1913 年起任小學校長。

1928 年，牧口常三郎信仰日蓮正宗；1930 年與戶田城聖創立創價教育學會，任會長。刊行《創價教育學大系》四卷，以牧口的創造價值哲學與日蓮正宗的教義相結合，強調現世利益和懲罰。

1932 年，牧口常三郎辭去教職，從事宗教活動，以救濟民眾為號召，創價教育學會迅速發展起來。戰時，牧口常三郎於 1943 年中，以違反《治安維持法》和對神社「不敬罪」被捕，次年病死於東京拘留所內。

■戶田城聖：創價學會第二代會長

戶田城聖（1900-1958），宗教活動家。生於石川縣加賀市。1918 年在北海道任教員，1920 年到東京，認識牧口常三郎，其後接受他的勸導，信奉日蓮正宗，二人並於 1928 年一起成立創價教育學會。1943 年戶田城聖被捕，至 1945 年 7 月出獄，次年重建學會，改名創價學會。

1951 年，戶田城聖擔任創價學會第二代會長，出版機關刊物《聖者新聞》，強調政教一致。1960 年，池田大作繼任為第三代會長，後於 1964 年成立公明黨，作為宗教政黨參與政治活動。

■大西良慶：清水寺主持

大西良慶（1875-1983），佛學家。雅號無隱。奈良縣人。1896 年畢業於法相宗勸學院，1900 年任大本山興福寺貫主，其後五次當選為法相宗管長，還擔任過京都養老院院長。他早年曾到中國考察佛教，後來在婆羅洲、夏威夷和印度等地從事佛教活動。

1963 年，大西良慶作為鑑真和尚奉贊會代表訪問中國；1974 年，任日中友好佛教協會名譽會長。此外，他還擔任過京都佛教徒會議理事長、日中佛教研究會常任理事等職。著有《菜根譚講話》、《大西和尚講話記》、《孟蘭經講話》、《慈眼》、《信仰和人生》、《觀音教的心》等。以長壽廣為人知，享年一百零七歲。

■賀川豐彥：基督教社會活動家

賀川豐彥（1888-1960），宗教界人士。神戶人。他在中學時代接受了基督教洗禮，神戶神學校畢業後留學美國，回國後在神戶貧民區傳教，加入友愛會，任關西勞動同盟會理事長。1921 年，領導川崎、三菱兩造船廠大罷工；次年從事農民運動，創辦《土地與自由》雜誌，參加成立日中農民組合。關東大地震後到東京。

1926 年，賀川豐彥創建勞動農民黨，該黨分裂後，又組成社會民眾黨。設立消費合作社，開辦診療所，並組織農村傳教團，開設農民福音學校，推動神國運動，主張以基督教之愛，求社會問題的解決。

賀川豐彥在國際上進行傳教活動，名揚海外。戰後，他參與組織日本社會黨，1946 年當選貴族院議員，主張建立世界聯邦。著有自傳體小說《死裏逃生》。

■白木義一郎：公明黨參議員

　　白木義一郎（1919-2004），著名棒球投手、政治家。東京都人。1941 年畢業於慶應義塾大學。1946 年加入棒球隊，1951 年任東急棒球隊助理監督，1952 年轉入「阪急」棒球隊，活躍於棒球界。

　　1956 年起，白木義一郎曾五次當選參議員，是日本職業棒球界第一位議員。1966 年任創價學會總務、參議院公明黨副幹事長，其後任公明黨中央統制委員會委員長。1986 年從政界引退。

3.7 長谷川如是閑：堅持立場撰寫評論

1. 從進急進民主主義到自由主義

　　長谷川如是閑（1875-1969），著名記者、評論家。本名萬次郎。東京人。1898 年畢業於東京法學院（其後為中央大學），1902 年入日本新聞社；次年參加陸羯南的《日本》雜誌社，1906 年參與創辦《日本及日本人》。1908 年入大阪朝日新聞社。

　　長谷川如是閑在大正民主運動中，堅持急進民主主義立場。1918 年因抨擊寺內內閣沒有立憲性，造成《大阪朝日新聞》筆禍事件，被逼退社。第二年，他與

大山郁夫創辦《我等》雜誌；站在民主主義和自由主義立場，發表尖銳評論。1948 年獲文化勳章，任藝術院會員。著作輯為《長谷川如是閑集》八卷。

2.《朝日新聞》的發展

1879 年在大阪創刊的《朝日新聞》，與 1872 年創辦的《每日新聞》和 1874 年創辦的《讀賣新聞》並稱「日本三大報紙」。1888 年《朝日新聞》收購《喚醒新聞》，改為《東京朝日新聞》；翌年把在大阪發行的《朝日新聞》，改名《大阪朝日新聞》。

明治中期後，該報加強社論版面，撰稿人包括長谷川如是閑、大山郁夫等；後來又得到河上肇等人的協助，支持大正初年的護憲運動，批評寺內內閣的非立憲性。米騷動時因筆禍事件，鳥居素川、長谷川如是閑、大山郁夫等被逼退社。此後辦報方針倒退，《大阪朝日新聞》甚至被視為大隈黨的「御用報紙」。辦報方式，則最先利用飛機、無線電報、電話和傳真照片。

其東京社址於關東大地震時燒毀，其後恢復，成為東京一流報社，大量報導軍事消息。1940 年大阪、東京兩社統一，定名《朝日新聞》。戰後發行日刊、晚刊及出版《周刊朝日》、《朝雜誌》、《科學朝日》等

刊物。《朝日新聞》與《每日新聞》、《讀賣新聞》及1896 年創刊的《日本經濟新聞》、1933 年創刊的《產經新聞》，同為日本五家全國性大報。

【人物群像】

■松本重治：搶先報導西安事變

松本重治（1899-1989），新聞記者、國際文化交流活動家。出身於大阪富商家庭。1923 年東京帝國大學法學部畢業，曾留校繼續研究法哲學。次年到美國耶魯大學，學習數理經濟學；1925 年轉入威斯康星大學，後來去歐洲，在日內瓦大學、維也納大學學習經濟思想史。1927 年回國，與明治維新元勳松方正義的孫女花子結婚。1928 年任東京帝國大學法學部助教，1929 至 1933年，先後在中央大學、法政大學、日本女子大學講授美國政治史。

1933 年，松本重治任聯合通信社（後改同盟通信社）駐上海分局局長。1936 年搶先報導西安事變。1940 年任該社編輯局長。戰後，他曾充當吉田茂的智囊團成員。1952 年創設國際文化會館，先後任專務理事、理事長。1952 至 1970 年，任美國學會會長。著有《上海時代》、《昭和史之一證言》、《國際關係中的日美關係》、《松本重治時論集》等。

■廣岡知男：朝日新聞社董事長

廣岡知男（1907-2002），棒球選手、新聞工作者。兵庫縣人。1932年東京帝國大學法學部畢業，入《大阪朝日新聞》社經濟部工作。1936年轉到東京總社，曾任社論委員、經濟部長，1954年任編輯局長，1956年任董事，1976年任社長，翌年成為董事長。

1975至1979年間，廣岡知男曾任兩屆日本新聞協會會長。1977年及1978年，曾兩度訪問中國。此外，還擔任全日本空運公司、全日本朝日廣播公司理事。

■平岡敏男：每日新聞社董事長

平岡敏男（1909-1986），新聞工作者、報社經營者。北海道人。1932年於東京帝國大學經濟學院畢業後，入《每日新聞》東京總社工作。1945年任該社經濟部部長，1947年任評論委員，1954年任倫敦分社社長；1957年起，歷任總務局局長、計劃調查局局長等職，1963年任董事、經理局長，1966年任常務董事，至1976年當選為社長。1979年率領代表團訪問中國，次年當選為該新聞社董事長。著有《相遇》、《每日新聞——我的五十年》。

3.8 竹內好：致力中國文學研究

1. 提出日本國民文學問題

竹內好（1910-1977），文學家、評論家。生於
長野縣。1931 年入東京帝國大學中國文學科，次年到
中國東北和北平等地旅行。1934 年畢業後，從事中
國現代文學研究；同年，與武田泰淳、增田涉等創立
中國文學研究會，1935 年起主編機關誌《中國文學月
報》，並任東亞高等預備學校講師。

1937 至 1939 年，竹內好到中國北平留學；1940
年，於回教圈研究所工作。1942 年，在日本政府組織
大東亞文學者大會之前，他代表中國文學研究會，表
示不予支持。1943 年，中國文學研究會被逼解散，不
久竹內好被徵召入伍，隨軍至中國。入伍之前，他的
處女作《魯迅》一書已脫稿，1944 年出版。竹內好否
定日本傳統的漢字研究方法，書中體現了這種主張。

戰後初期，竹內好曾擔任慶應義塾大學講師和
都立大學教授。1958 年，他為了反對《日美安保條
約》，不惜辭去教職。著作方面，1950 年代前期出版
了《現代中國論》、《日本的意識形態》、《國民文學
論》，提出國民文學等問題。此外，還有《竹內好評

論集》、《預見的錯誤》等。

2. 出版魯迅研究專著

竹內好對近代中國文學的興趣，表現於魯迅研究和翻譯其作品。他的《魯迅》專著，1944 年由日本評論社出版。內容分為六個部分，依次是〈序章〉、〈關於傳記的疑問〉、〈思想的形成〉、〈關於作品〉、〈政治與文學〉和〈結論〉。

書中的論述，揚棄了當時日本流行輕視中國現代文學成就的觀點，對魯迅有較高評價，富於理論水平。竹內好強調說：「魯迅是現代中國的國民文化之母。」論者予以指出，竹內好此書對魯迅的革命性尚認識不足。

【人物群像】

■增田涉：日本的魯迅專家

增田涉（1903-1977），中國文學研究家。生於島根縣。1929 年東京帝國大學中國文學科畢業，1931 年到中國上海留學，經內山完造介紹，結識了魯迅，交往甚

為密切。1934 年，增田涉與竹內好、武田泰淳等創立中國文學研究會；次年，他與佐藤春夫翻譯和出版日本最早的《魯迅選集》。1937 年，翻譯出版了魯迅著《中國小說史略》；同年，在《改造》雜誌上發表〈魯迅傳〉。1936 至 1937 年間，參加改造社出版《大魯迅全集》（七卷）的編輯和翻譯工作。

戰後，增田涉歷任島根大學‧大阪市立大學、關西大學教授，講授中國文學，並參加岩波書店《魯迅的印象》、《中國文學史研究──「文學革命」及前夜的人們》，又與人合譯中國清代小說《聊齋誌異》。他的《西學東漸與中國事情》（1979）有由其民、周啟乾的中譯本，2010 年由江蘇人民出版社出版。

■武田泰淳：第一次戰後派作家

武田泰淳（1912-1976），小說家。生於東京淨土宗家庭。1932 年畢業於東京帝國大學中國文學專業，學生時代因反戰被捕。1934 年，他與竹內好等人創立中國文學研究會。1937 至 1939 年到中國，曾在上海中日文化協會任職。1944 至 1945 年，參加侵華戰爭。

武田泰淳於戰後發表《蝮蛇的後裔》、《「愛」的形式》、《閨房》、《風媒花》、《流放島》、《光蘇》等作品，另有《森林節和湖水節》、《貴族的階梯》、《快樂》、《富士》等長篇小說。1973 年獲日本文學大獎，1976 年獲野間文學獎。他還翻譯過茅盾、萬軍、丁玲的作品。

■岩村三千夫：中國問題專家

岩村三千夫（1908-1977），新聞記者。新潟縣人。

他從二十歲時開始，就以「中山耕太郎」筆名撰文介紹中國革命及現狀等問題。1931年畢業於早稻田大學政經學部。1937年入《讀賣新聞》，歷任駐上海特派記者、香港分社社長等。

岩村三千夫於1946年創立中國研究所，任常務理事。1949年參加創立日中友好協會，任常務理事、副理事長等，兼任機關報《日本與中國》主編。曾多次訪問中國。主要論著有《中國民主革命》、《中國現代史》、《現代中國與孫文思想》、《中國革命史》、《中國的外交》等。

■藤堂明保：研究漢字的學者

藤堂明保（1915-1985），語文學家、文學博士。三重縣人。1938年東京帝國大學文學部漢語科畢業，戰後於1967後任東京大學教授，1970年辭職。1966年多次訪問中國，為日中文化交流協會常任理事。

藤堂明保曾任早稻田大學客座教授，1980年獲日本廣播協會頒發第三十一屆廣播文化獎。著作甚豐，有《漢字語源辭典》、《漢字的起源》、《漢字和文化》、《中國語音韻法》等。

第四章

文學、美術與演藝

1920 年代中出現的新感覺派，是現代日本文學的先驅，新進作家有橫光利一、川端康成、片岡鐵兵，均與其後的文壇有密切關係。戰時各派文藝都陷入停滯狀態，只有支持侵略戰爭的戰爭文學在受到獎勵的情況下獨步文壇，戰爭結束後則陸續有反戰作品的出版。描寫原子彈投下廣島和長崎造成慘劇的「原爆文學」，對戰爭的殘酷提出了嚴厲控訴。

　　戰後日本除了大量重印戰前作品外，文學創作有三個主要類型：其一是戰前派文學，即戰前日本既有文學的延長；其二是戰後派文學，是否定傳統文學並追求新文學樣式的創作；其三是民主主義文學，大體上是無產階級文學的繼承。文學類別，相對於純文學，有大眾文學的流行，以及介於兩者之間的中間小說。1968 年，川端康成獲諾貝爾文學獎；1994 年，大江健三郎亦獲此獎項。

　　日本作家撰著關於中國的作品頗可注意，他們的中國文化觀是不宜忽視的。井上靖寫鑑真在日本的《天平之甍》，以及《敦煌》、《樓蘭》等西域題材的小說，還有晚年的作品《孔子》等，都廣為人知。歷史題材的小說則以日本古代人物居多。

　　東山魁夷登上日本畫壇的高峰，手塚治蟲的漫畫備受歡迎，作曲家服部良一連同一眾電影導演、演員

與歌星等等，為昭和時代增添了姿采。戰爭與和平，構成強烈的對比。日本的二重文化性格，可說是表露無遺。從昭和時期的美術進程，或者可以有更多形象的展示和反映。（表 9）

表 9　昭和時代美術界概況

年份	事項	創作
1926	東京府美術館開館	－
1927	帝展新設第四部（工藝美術）	－
1928	舉行無產階級美術展覽	－
1929	公佈《國寶保護法》；川端龍子創立青龍社	連水御舟《名樹散椿》
1930	創立帝國美術院附屬研究所	小林古徑《髮》
1931	開始興建東京國立博物館	－
1932	－	安井曾太郎《金蓉》
1934	－	梅原龍三郎《朝輝》
1935	設置日本民藝館	－
1936	帝國美術院改為帝國藝術院	－
1937	－	上村松園《草子洗小町》
1940	－	平櫛田中《鏡獅子》

1946	文展改為日本美術展覽（日展）	－
1948	創造美術社成立，日展改由日本藝術院主辦，並增設第五科（書法）。	－
1949	成立日本美術家聯盟，東京美術學校、東京音樂學校合併，升格為東京藝術大學，成為日本最高藝術學府。	－
1950	－	東山魁夷《道》；丸木位里《原子彈災害圖卷》第一部
1952	成立東京國立近代美術館；成立日本工業設計師協會	－
1954	日本文物保護委員會設置重要無形文物技術指定制度，開始確定「人間國寶」（無形文物保持者）。	－
1955	－	山本丘人《北濤》
1959	成立國立西洋美術館	平山郁夫《佛教傳來》
1961	成立現代工藝美術家協會	－
1962	創辦日本現代工藝美術展覽	－
1973	－	高山辰雄《日月星辰》

| 1977 | 日本國立國際美術館在大阪開館 | – |
| 1987 | 美國紐約大都會美術館開設日本美術常設陳列廳 | – |

4.1 川端康成：諾貝爾文學獎得主

1. 一代文豪的誕生

川端康成（1899-1972），著名小說家。生於大阪。第一高等學校在學時開始文學創作，於東京帝國大學國文專業。1921 年發表處女作《招魂祭一景》，大學時代已成為《文藝春秋》同人。1924 年畢業同年與友人創辦《文藝時代》，他和橫光利一、中河與一、片岡鐵兵等被稱為新感覺派。此派作家否定心境小說的寫實主義，強調依靠感覺重新構成現實。1926 年，川端康成發表《伊豆舞孃》，頗獲好評。

昭和初期，川端康成是《近代生活》同人，加入新興藝術派，他的《淺草紅團》、《水晶幻想》等作品開拓了心理小說的新領域。1933 年發表《禽獸》後，其創作轉向表現非現實的的美。1935 年開始寫《雪

國》，至 1947 年完成。這部小說脫離了新感覺派的傾向，追求抒情的、美的世界。在戰爭時期，他並沒有迎合潮流。

戰後，川端康成發表《千羽鶴》、《古都》等。1948 年起擔任日本筆會會長，長達十七年。1957 年促成國際筆會在東京召開，次年被推為國際筆會副會長。1961 年獲文化勳章，1968 年獲諾貝爾文學獎。晚年參加自由民主黨的一些政治活動。1972 年以煤氣自殺。獲追贈正三位勳一等旭日大綬章。

2.《伊豆舞孃》

川端康成的短篇小說《伊豆舞孃》，1926 年在《文藝時代》發表。小說中的「我」是一個高中學生，他獨自到伊豆旅行，遇見江湖藝人一行五人，當中有一個十四歲的舞孃，深深地吸引了他，一路上，舞孃對他萌生了愛慕之情。

由於旅費耗盡，這個高中學生要中途乘船返回東京。他在船上倚着欄杆，望着岸上默默無言前來送行的舞孃，直至她在視野中消失。作品刻劃出二人萍水相逢及匆匆離別的感受，伴隨着淡淡的旅愁。

3.《雪國》

川端康成的長篇小說《雪國》，1935 年在《文藝春秋》連載，次年出版單行本；1947 年又寫成《續雪國》發表於《小說新潮》，創元社於次年將兩部分合併出版，仍題《雪國》。小說的主角是在東京從事舞蹈研究的島村，他每年秋冬時候都要去上越地方的山路旅行，在一家溫泉旅館中結識了藝妓駒子，她為了賺錢給未婚夫行男治病而做藝妓，而一直悉心照顧病人的，是一個叫做葉子的姑娘。

島村與駒子來往頻密，情誼漸篤，而他對葉子又不勝愛慕。當他要返回東京時，駒子丟下病危的未婚夫前來送行。第二年島村再到山中，駒子的未婚夫已病逝，葉子叫島村好好照顧駒子。一天晚上，劇場失火，島村和駒子趕到的時候，葉子已經遇難。作品以新感覺派的藝術手法，表現了島村、駒子、葉子三人之間的愛情關係。《雪國》的中文譯本，也有題作《雪鄉》的。

4. 新感覺派作品的特色

川端康成、橫光利一是新感派的代表作家，他們的作品強調官能感覺的描摹，從而創造出動態的藝術形象，並且展現了人們在近代工業文明的陰影下，種

種不同的情緒和反應。這種精神上的變化，使昭和文學具備了特別的性格，新感覺派的形成和發展，既表現了形式上的革新，也有新刊物如《文藝時代》的創刊。川端康成在該刊的〈創刊詞〉強調：「我們的責任是革新文壇上的文藝，從而從根本上革新人生中的文藝和藝術觀點。」

其後，川端康成撰〈新進作家的新傾向解說〉一文，從哲學思想到文學形式，建立了新感覺主義的理論基礎。他認為主觀是唯一的真實，文藝創作應把感性、知性放在理性之上，形式決定內容，並且否定日本文學傳統。事實上，他們的作品雖然具有西方現代主義文學的特徵，但既植根於日本文化土壤上，自然也就帶有日本文化的色彩。

楊曉禹、耿仁秋編《日本新感覺派作品選》（北京：作家出版社，1988 年），收錄了川端康成的《春天的景色》、《少女之心》、《孤兒的情感》，橫山利一的《蒼蠅》、《頭與腹》、《太陽》、《馬車載來了春天》、《機械》、《拿破崙與疥癬》、《飛鳥》，片岡鐵兵的《幽靈船》、《鋼絲上的少女》，中河與一的《冰雪舞廳》、《刺繡蔬菜》，及十一谷義三郎的《青草》、今東光的《軍艦》、佐佐木茂索的《爺爺和奶奶》。

葉渭渠為這本選集撰寫的〈前言〉強調，「本書

色調多彩而不單一，可以展現出新感覺派從萌芽、形成、發展到解體的歷程，對於了解現代日本文學的確立與發展，是很有裨益的。」他又指出川端康成在文學實踐中，除短篇集《感情裝飾》、《淺草少男少女》及本書收入的《春天的景色》外，其他作品的新感覺成份並不濃厚，所以書中選錄橫光利一的作品最多是恰當的。

【人物群像】

■橫光利一：被譽為「小說之神」

橫光利一（1898-1947），小說家。生於福島縣。1916 年入早稻田大學預科文科，至 1920 年退學。1923 年參加《文藝春秋》，同年發表《日輪》、《蒼蠅》，顯示了新感覺派的創作手法。

1924 年，橫光利一與川端康成、片岡鐵兵等創辦《文藝時代》，掀起新感覺派文學運動。1925 年發表《新感覺論》，闡述其藝術主張。1930 年發表短篇小說《機械》和長篇小說《寢園》，其創作由感覺描寫轉向，成為新心理主義派作家。小林秀雄稱他為「小說之神」。

橫光利一的長篇小說《上海》，1932 年由改造社出版。故事以 1925 年五卅慘案和列強爭奪的上海為背景，

力圖提示「東方與西方」的矛盾。橫光利一旅歐途中，曾在上海會見魯迅。

1935 年，橫光利一著《純粹小說論》，進一步提倡純文學的通俗文學。1936 年歐洲之行後，創作中以東洋精神與當時傾向西歐的現代主義相抗衡。他的長篇小說《旅愁》和戰後發表的《夜之履》，反映了這一創作思想。戰後日記《夜聲》（1947）在他逝世後才出版。

■中河與一：新感覺派作家

中河與一（1897-1994），小說家。生於香川縣。1921 年入早稻田大學英文科，翌年因病退學。1924 年參與創辦《文藝時代》，其作品強調微妙的感覺，有《冰上舞蹈》、《海路歷程》、《愛戀無限》等。1939 年創刊《文藝世紀》，因鼓動戰爭，戰後一度被開除公職。

中河與一的代表作有《天國葫蘆花》、《失樂的庭院》、《悲劇的季節》，合稱「純愛三部曲」。主要作品還有長篇小說《探美之夜》等。

■今東光：僧人作家

今東光（1898-1977），小說家。生於神奈川縣橫濱市，是今日出海之兄。兵庫縣立豐岡高等學校畢業，結識文學家佐藤春夫、谷崎潤一郎、川端康成等，開始寫作。1925 年發表《憔悴的新娘》，表現了新感覺派的創作特色。曾一度加入無產階級作家同盟，在《戰旗》雜誌上發表《戲曲集》。

1930 年，今東光削髮為僧，成為天台宗延曆寺的僧侶，法名春聽。不過，他並沒有停止創作，曾發表關於

佛教的論述和文學作品。1956 年出版長篇小說《吟公主》獲直木獎後，重新開始寫作生活，作品天淵之別有《瘦新娘》、《鬥雞》等。1968 年當選為參議員。

■今日出海：著名作家及評論家

今日出海（1909-1984），小說家。生於北海道函館市。今東光之弟。東京帝國大學法國文學科畢業，曾在明治大學講授法國文學，並進行創作活動。戰時被派到菲律賓當陸軍指導員。

今日出海在戰後發表的戰爭體驗小說《天皇的帽子》，曾獲直木獎；於人物傳記、隨筆方面，也有重要作品。1968 年任文部省文化廳長官，1972 年辭職後，任日本國際交流基金理事長。其主要長篇小說《山中流浪》表現了日軍在覆滅前的狼狽和惶惑情形；論著方面，有《三木清的人類研究》。

4.2 石川達三：社會派的代表作家

1. 戰時發表《活着的兵隊》

石川達三（1905-1985），著名小說家，是社會派的代表。秋田縣人，1925 年考入早稻田大學，在《大阪朝日新聞》上發表小說賺取學費。後退學，入國民

時論社。五年後移民巴西，僅半年即回國，仍入國民時論社工作，其作品《蒼氓》於 1935 年獲第一屆芥川文學獎。戰爭期間被逼從軍，所撰小說多次遭右翼分子攻擊。1952 年出任日本文藝家協會理事長。他具有時代敏感性，還是屈指可數的新聞小說家。主要作品有《書齋憂鬱》、《活着的兵隊》、《四十八歲的抵抗》、《人牆》等。《活着的兵隊》中譯或作《活着的士兵》。

1937 年底，石川達三作為中央公論社特派記者，前赴中國華中戰場，把他的所見所聞，寫成中篇小說《活着的兵隊》，在翌年 3 月的《中央公論》上發表。當中對日軍在中國的侵略行為做了批判性的描述，揭露日軍的厭戰情緒和屠殺中國人民的暴行。發表後遭到起訴，法院二審判決作者四個月徒刑，緩期三年執行。

2. 戰後作品反映社會現實

戰爭結束後，石川達三寫了大量小說、詩歌、散文和隨筆。他的作品取材廣泛，大多表現出社會現實和描繪社會風俗。1951 年的長篇小說《風中蘆葦》，流露了一個雜誌社社長對侵略戰爭的消極抵抗態度。1956 年石川達三訪華，回國後在《朝日新聞》發表長篇報告《中國變了》，讚揚中國人民的新生活。1959

年的《人牆》，寫日本教職員為維護自身權益的鬥爭。1964 年發表《破碎的山河》，描述資本家壟斷經濟實行弱肉強食的行徑。

1966 年發表的長篇小說《金環蝕》，是石川達三的代表作。1975 年，他被選為日本筆會會長，翌年成為藝術院會員。其他長篇小說，還有 1956 年的《四十八歲的抵抗》和 1969 年的《青春的蹉跎》等。

3.《蒼氓》描述巴西移民苦況

1935 年，石川達三在《星座》雜誌上發表了長篇小說《蒼氓》的第一部；1939 年，在《長篇文庫》上發表第二部、第三部。內容描述 1920 年代末，日本受到世界經濟危機的衝擊，農民破產，工人失業，當中有一批人聚集在神戶港，參加前往巴西的移民團，幻想着在那裏建立新的家園。

石川達三根據調查得來的事實進行創作，通過不同身份的人物展現了廣闊的生活場面。小說中沒有特定的人物形象，最鮮明的角色是紡織女工小夏，她為了幫助弟弟逃避服兵役，寧願放棄自己的愛情離開日本，在異國的土地上，像草一樣頑強地生活下去。

4.《金環蝕》揭示經濟增長下的政治

石川達三的長篇小說《金環蝕》，1966 年在《每日週刊》連載，內容描寫寺田總理大臣與保守黨另一巨頭酒井爭奪總裁職位，各自以巨款收買議員。寺田競選獲勝，再度出任總理大臣，為了填補用於競選的財政虧空，授意下屬將福龍川水庫的修築工程，交由提供政治捐款的竹田建築公司承擔。

這類小說以現實主義手法，揭露日本在 1960 年代經濟高速增長時期，執政保守黨內部互相傾軋的內幕，以及政府要員、國會議員和大資本家勾結的情形。小說題名《金環蝕》，旨在表明周圍還閃耀着金色的光輝，但中央漆黑一團，正在腐爛。

5. 石川文學的特色及其展望

石川達三在半個世紀的文學生涯中，勤於筆耕，成果豐碩，總共創作了四十多部長篇小說和數量眾多的中篇、短篇小說。此外，還有大量的散文、評論、隨筆等，為日本文壇留下了相當可觀的文學財產。

石川達三著，于雪等譯《風雪》（上海：上海譯文出版社，1987 年），收錄了《並非無望》、《見不到陽光的山村》、《活着的兵隊》、《青春智慧草》、《神坂四郎一案》、《一個失足女人的詩集》、《風雪》、《驕

矜三代人》八個作品。郭潔敏在此書的序中指出，撰寫類似報告文學式的作品是石川文學的一大特點，他的許多小說都取材於現實生活中的重大問題，並且經過認真採訪和實地調查，予以藝術概括而成為小說。作者因此贏得了「直言居士」的美名。

石川達三的另一創作特點是擅長創作「風俗性小說」，立足於現實，深刻地表現某一階層人民的社會心理，從而反映出某些社會問題。不過，他在日本文壇經常處於孤立地位；然而眾多的作品，卻受到廣大讀者喜愛。郭潔敏說，這個日本文壇的「反骨型」作家將為更多人所理解。他的重要作品如《蒼氓》、《金環蝕》、《風中蘆葦》、《破碎的山河》等，已有中文翻譯。

【人物群像】

■林芙美子：描寫庶民生活和婦女遭遇

林芙美子（1903-1951），小說家、詩人。生於鹿兒島縣。高中畢業後，她當過女僕、女工和店員。1924年開始在《日本詩人》、《文藝戰線》等雜誌發表童話和詩歌，翌年與古谷靜榮創辦《二人》詩刊。1930年代初，

發表了自傳性短篇小說《風琴和魚鎮》、《清貧之書》等，在旅行歐洲途經上海時會見了魯迅，因資助日本共產黨機關報《赤旗報》而被捕。

第二次世界大戰期間，林芙美子以隨軍記者身份到中國和東南亞；戰後初期，發表了《暴風雪》、《旅情之海》、《河沙魚》等以反戰為主題的短篇小說。此後的作品《晚菊》和《牛肉》，以妓女為描述對象；長篇小說《浮雲》，寫一個女人受壓抑的一生。《放浪記》從1928年開始，至1948年為止，斷斷續續連載，抒發作者在底層社會中的生活感受，反映了大正末至昭和初的城市風貌，亦流露出人道主義激情和虛無的反抗精神。林芙美子逝世前約十年間，居住於東京都新宿區，這一座寧靜優雅的傳統日式宅邸，現在改為林芙美子紀念館。

■大岡升平：描寫日美兩軍的爭奪戰

大岡升平（1909-1988），小說家。生於東京。1932年畢業於京都帝國大學法文科，研究法國文學並發表文藝時評。1944年入伍，赴菲律賓，次年被美軍俘虜，不久獲釋回國。

1948年，大岡升平發表短篇小說《俘虜記》，描寫一個士兵的不幸遭遇；其後發表長篇小說《野火》，控訴軍國主義者的戰爭罪行。1958年出版長篇小說《花影》，故事以東京銀座為背景，表現了市民的生活。

1960年代初，大岡升平創作了推理小說《事件》；1960年代後期的長篇小說《萊特戰記》，描寫太平洋戰爭期間日美兩軍在萊特島展開的爭奪戰，場面宏大，刻畫細膩。1971年獲選為藝術院會員，但他不接受。除

小說外，還有文學論著《現代小說作法》、《常識的文學論》等。

■野間宏：戰後派另一代表作家

野間宏（1915-1991），小說家。生於神戶，父親是佛教土俗教派教祖。1935年入京都帝國大學法文科，畢業後在大阪市政廳工作。1941年被徵召入伍，次年隨軍至中國、菲律賓、馬來亞等地；1943年因違反《治安維持法》，在大阪陸軍監獄服刑。

戰後出獄，從事小說創作。1946年發表描寫戰前青年苦惱的中篇小說《暗繪》，被視為戰後派奠基之作。次年發表中篇小說《臉上的紅月亮》，揭示出戰爭給日本人民留下的困厄生活和心理創傷。代表作是1952年發表的《真空地帶》，反映了戰時日軍的野蠻和殘暴情形。

1979年，野間宏與井上光晴、小田實等創辦《使者》。其他作品，有自傳性長篇小說《我的塔在那兒聳立著》和評論集等。他擅長以細膩而深刻的筆調，描寫和剖析人物的心理。有《野間宏作品集》十四卷。

■宮本研：反映戰後社會矛盾

宮本研（1926-1988），劇作家。生於熊本縣。1937年跟隨父親到中國，在北平讀中學，1944年回國。1950年九州大學畢業後，入法務省，並開始文學創作，發表《我們在唱歌的時候》等劇本，反映出戰後社會的衝突和矛盾。

1962年，宮本研辭去法務省工作，發表《明治之樞》，描述田中正造與足尾礦毒事件；1969年的《阿Q

外傳》，是據魯迅《阿Q正傳》改編；1971年的《善好事物的傳說》，記敘大杉榮、伊藤野枝等革命家的事蹟；還有1972年的《聖格里高利的殉教》，以俄國革命前拉斯普金傳說為背景。這四個劇作，合稱「革命傳說四部曲」。有《宮本研戲劇集》六卷。

■有吉佐和子：表達反封建和反戰情緒

有吉佐和子（1931-1984），小說家、劇作家。生於和歌山縣。1952年畢業於東京女子短期大學英文科，曾任職出版社，參與創辦《白癡群》和第十五次《新思潮》雜誌。1956年發表短篇小說《地歌》，描寫藝術界新舊兩代的矛盾。後又創作《木偶淨琉璃》和《香華》，反映出藝人生活。1959年發表的長篇小說《紀之川》，敘述明治、大正、昭和三代婦女的不同生活態度。作品有濃厚的自傳色彩，表達了反封建和反戰思想。

1963年的《非色》（又譯《並非由於膚色》），是有吉佐和子赴美國研究種族問題之後寫成的長篇小說，通過一個日本女子嫁給美國黑人的遭遇，抨擊種族歧視。1972年發表的長篇小說《恍惚的人》，揭示出日本老人問題的嚴重性。1975年的《綜合污染》，描寫公害為患。她曾訪問中國十數次，《中國報導》是以中日友好為主題的作品。此外，她的作品還有1971年的《暖流》等。

文潔若、葉渭渠譯《有吉佐和子小說選》（北京：人民文學出版社，1977）收錄了她的四篇作品，包括《地歌》、《木偶淨琉璃》、《黑夜》和《墨》，從不同角度反映了日本老藝人的生活，其中《墨》還歌頌了中日兩國人民的傳統友誼。

李德純著《戰後日本文學》（瀋陽：遼寧人民出版社，1988），於談到有吉佐和子時說：「在取材梨園社會的幾篇小說中，和《非色》一樣，字裏行間委婉地表現了面對美國文化的泛濫日本社會而發出的民族危機感和文化危機感，同時，並以其鮮明的民族特色和濃厚的生活意識征服了讀者，反映了小說創作中民族文化意識的覺醒和強化。」

4.3 井伏鱒二：描寫原爆傷痛的文學

1. 從傳奇趣味到現實主義創作

井伏鱒二（1898-1993），小說家。原名滿壽二。生於廣島。1922 年，他從早稻田大學文學部法文科退學後，參加同人雜誌《世紀》，次年發表短篇小說《鯰魚》，後來成為《陣痛時代》、《文藝都市》、《作品》等雜誌同人。1930 年出版長篇小說《深夜與梅花》。1937 年出版的長篇小說《約翰萬次郎漂流記》，描寫水上歷險生活，翌年獲第六屆直木獎。1939 年發表中篇小說《多甚古村》，開始從傳奇、趣味性內容轉到現實主義創作。1941 年，被徵為隨軍記者。

戰後初期，井伏鱒二回到東京，發表短篇小說《橋木屋》、《因之島》、《遙拜隊長》及童話《麻木的池塘裏的鴨子》。1950 年代，他的長篇小說《今日停診》獲第一屆讀賣文學獎，《漂民宇三郎》獲藝術院獎，此外還創作了很多風俗小說。1960 年被選為藝術院會員。1966 年創作的長篇小說《黑雨》，描寫廣島被原子彈轟炸的慘狀，獲野間文學獎。同年獲文化勳章。

　　井伏鱒二的作品，早期受俄國作家契訶夫的影響，形成幽默和洗煉的獨特風格。作品的內容多取材於庶民生活，對下層民眾寄予深切的同情。

2. 寓意深遠的《鯢魚》

　　井伏鱒二的《鯢魚》，1922 年在《世紀》雜誌上發表。小說寫一條鯢魚在溪流下的岩洞裏，悠然自得地棲息了兩年，但當牠要游出洞口時，變得肥大的腦袋在洞口堵住，再也出不了去。鯢魚奮力衝撞都無濟於事，且遭到山蝦等嘲笑，使牠感到孤獨和憂鬱。一隻青蛙走入岩洞，鯢魚索性堵住洞口，不讓青蛙游上去，結果雙方就在岩洞裏爭吵起來。直至，彼此都精疲力倦，消除了敵意，可是只有低聲嘆息，再也動彈不了。

作品寫鯢魚因自己的無知造成了困局，初時牠對青蛙心存惡意，到了大家都處於同樣的無望境地時，才肯言歸於好。故事簡潔生動，寓意深遠，而在明快的描述中，又流露出淡淡的哀愁。

3.《黑雨》寫原子病女子的婚事

井伏鱒二的《黑雨》，初名《侄女的婚事》，1965 年起在《新潮》雜誌上連載。故事寫 1945 年 8 月 6 日廣島遭原子彈轟炸後，患有輻射病的閑間重松在廢墟上來回奔走，處理善後工作；其後幾年間他在農村養病，並不擔心自己的身體，而是惦記着侄女矢須子的婚事。她被懷疑曾經受到輻射污染，因而一直沒有考慮婚事。

閑間重松在清理自己和侄女的日記時，憶起廣島當年的慘況。那天他去三瀧公園避難，途中的景狀令人慘不忍睹，幸而他的妻子和侄女都無恙，但矢須子在搬運行李時，由放射物塵埃形成的黑雨把她淋遍了全身。幾年過後，似乎未見異常。正當要為矢須子提親之際，她的原子病卻開始發作，威脅她的生命。重松決心把真實情況告訴人們，並且鼓勵矢須子堅強地活下去。

《黑雨》這個作品，一反以往原爆文學的低沉基

調，而以較輕鬆的筆觸描寫戰時和戰後的市井生活，表現出要努力戰勝傷痛的達觀態度。

4. 日本的原爆文學

在原子彈轟炸下，廣島、長崎兩地的死難者多達三四十萬人；僥倖生還而過著苟延殘喘日子的人，也數以十萬計。戰後日本的原爆文學，代表性作品是原民喜的《夏之花》。作者把他在廣島被炸的痛苦經歷刻劃出來，並以絕望的呼聲表達了強烈的人類意志。其初擬用「原子爆彈」的標題在《近代文學》雜誌上刊登，但當時日本在美軍佔領之下，因事先受到檢查而沒有發表，其後改在《三田文學》雜誌揭載。

以被炸體驗為素材的，還有大田洋子的《屍之街》、《半人間》，永井隆的《膝下此子》、《長崎之鐘》，林京子的《祭壇》等，以及峠三吉的《原爆詩集》。其他作家也創作了不少此類題材的長篇小說，包括阿川弘之的《魔鬼的遺產》、地田善衡的《審判》、井上光晴的《地之鮮》；至於井伏鱒二的《黑雨》，則把原爆文學和日記文學揉成一體，成為別具一格的文學作品。

【人物群像】

■原民喜：原爆文學三部曲

原民喜（1905-1951），小說家。生於廣島縣。1932年畢業於慶應義塾大學英文科，在校時開始創作詩歌；1935年出版短篇小說集《焰》，1942年到千葉縣任中學教師。1944年，他的妻子在患病多時後去世。次年，原民喜在廣島遭逢原子彈轟炸，目睹慘狀，寫了一系列控訴戰爭暴行的作品。1946年去東京，任《三田文學》雜誌編輯。1951年臥軌自殺。

原民喜的代表作《夏之花》，描寫了人類歷史上空前慘酷的一天；與他的另外兩篇小說《來自廢墟》和《毀滅的序曲》，合稱原爆文學三部曲。《夏之花》展現了遭受原子彈的親身經歷，作者於8月4日給逝世的妻子週年供上一束不知名的夏天之花，6日晨早，原子彈在廣島上空爆炸，作者頓覺天昏地暗，摸索着走出門外，但房屋倒成一片，樹木折斷，天空混濁，火光熊熊。到處都是被輻射灼傷的人們，嘴裏發出絕望的呼喊，眼中露出求救的目光。翌日，四處響起唸經的聲音，很多人在掙扎中死去。作者與二哥撤往郊外，途中看到侄兒的屍體，當時的情景仿如置身於地獄之中。作品簡潔細膩，處處散發着作家的憤怒和哀傷。

■大田洋子：原爆文學代表作家之一

大田洋子（1903-1963），小說家。原名初子，生於廣島。七歲時父母離婚，由親戚大田家收養。1925年

高中畢業，做過教師；次年到東京，在文藝春秋社任記者。1939 年發表自傳性長篇小說《流離之岸》，次年發表的《櫻花之國》是她的成名作。

1945 年，大田洋子回到廣島；同年 8 月，親罹原子彈爆炸之災。長篇小說《屍之街》描寫原子彈爆炸後的慘狀；同類題材的作品，還有長篇小說《人間襤褸》、短篇小說《半人間》等。

■峠三吉：描寫廣島被炸情景的詩人

峠三吉（1917-1953），原爆文學詩人。生於大阪府。1935 年畢業於廣島商科學校；1937 年開始創作詩歌。曾經是《俳句文學》雜誌同人，1945 年在廣島被原子彈轟炸時受害染病。

戰爭結束後，峠三吉參加新日本文學會，並加入日本共產黨。1950 年在《新日本詩人》雜誌上發表《八月六日》等詩作，描寫廣島被炸的情景；次年出版《原爆詩集》，引起了巨大反響。1953 年，他因原子病後遺症，做肺部切除手術後去世。

■永井隆：長崎的原子病患者

永井隆（1908-1951），原爆文學作家、醫學博士。生於松江市。縣立松江中學畢業，升上松江高等學校專攻理科，1928 年入長崎醫科大學，1932 年畢業後，任物理療法科助手。次年作為短期軍醫從軍到中國東三省，其間閱讀了《公教要理》。1934 年在長崎的浦上天主堂受洗為天主教徒，隨後結婚。

1937 年，永井隆任醫大講師，1940 年升副教授，

1944 年取得醫學博士。1945 年 8 月 9 日上午，美軍於長崎投下原子彈，在浦上天主堂上空爆炸，當天是星期日，教堂響起的鐘聲戛然而止，瞬間死亡人數約九至十四萬人。永井隆在醫院忙於搶救傷者，三天後才返回市內的家，但見到處是一片廢墟，他沿着熟悉的路去到家門，房屋都毀掉了，他四處找尋妻子的蹤影，最後在廚房的位置見到一塊女性盤骨，旁邊有他結婚時送給妻子的信物，是一條刻有玫瑰圖案的項鏈。

永井隆回想結婚之後，倆夫婦過着刻苦生活，自己又忙於工作，不曾去看電影娛樂，連外出吃飯輕鬆一下都沒有，痛苦之餘覺得很內疚。後來把妻子的遺骨放在甕裏，抱着走的時候，甕裏發出微弱的聲響，他仿佛聽見妻子在說：「對不起啊，對不起啊！」舊時的日本女人希望盡自己的責任，好好服侍丈夫直至他去世，不幸死在夫前，就要說抱歉之類的說話。

1946 年 1 月，永井隆升教授，但當時他已染了輻射病，7 月有一天就在長崎火車站前倒下，自此一直臥在病床上寫作。1949 年獲長崎市名譽市民稱號，1951 年 5 月逝世。他撰寫了十種關於長崎原爆和個人遭遇的書，《長崎之鐘》是代表作，此外有《知己堂隨筆》、《乙女峠》、《玫瑰項鏈》、《生命之河》、《在原子雲下生活》等。

■林京子：獲芥川獎的原爆文學

林京子（1930-2017），小說家、散文家。原姓宮崎，生於長崎。幼時曾在中國上海生活。1945 年，她在長崎受到原子彈爆炸時的光輻射，因而患了原子病。其後曾入長崎醫科大學附屬厚生女學部專科，中途退學。

1962 年，林京子成為《文藝首都》雜誌同人，翌年發表處女作《藍色的道路》。1975 年，她的中篇小說《祭壇》獲芥川獎，作品根據親身經歷，控訴美國原子彈給日本人民帶來的災難。長篇小說《玻璃》，是同類題材的作品。林京子的長篇小說，還有《兩個人的墓碑》、《米歇爾的口紅》等。

4.4 三島由紀夫：戰後著名右翼作家

1. 宣揚武士道精神

　　三島由紀夫（1925-1970），小說家、劇作家。本名平岡公威。東京人。1947 年畢業於東京大學法學部，其後一度於大藏省任職。他在中學時代就開始文學創作，離開大藏省後專事文學創作，1946 年發表短篇小說《煙草》，1949 年發表長篇小說《假面的告白》，奠定了他的作家地位，1954 年發表《潮騷》。

　　三島由紀夫的前期作品，受日本浪漫派影響，有濃厚的唯美主義色彩，內容大多描寫青年男女的戀愛故事。後期的作品，如 1960 年發表的《憂國》，次年發表的《明日黃花》，1966 年發表的《英靈之聲》等，

宣揚民族主義和武士道精神。曾組織楯之會，自任隊長。1970 年 11 月 25 日，他率同夥伴闖入陸上自衛隊東部方面總監部，企圖鼓動自衛隊實行武裝政變，失敗後切腹自殺。

三島由紀夫的作品眾多，還有《金閣寺》、《禁色》、《豐饒之海》等。匯編為《三島由紀夫全集》三十五卷、補卷一卷，1973 至 1976 年出版。

2.《金閣寺》表達的虛無思想

三島由紀夫的長篇小說《金閣寺》，1956 年在《新潮》雜誌上連載。故事取材於 1950 年 7 月金閣寺縱火事件，小說主角以第一人稱，生於北陸地方的一個小寺院，性格孤僻，唯一嚮往的是早年父親講給他聽的金閣寺，父親去世後，他去金閣寺為僧，但眼前的金閣卻使他失望。

第二次世界大戰後，金閣寺的情況更不如前，他對這一切感到幻滅，決心放火把金閣寺燒掉。當金閣寺被熊熊烈火包圍之際，他卻萌生了要活下去的念頭。小說塑造了一個反社會的人物形象，表達了作者對美和人生的虛無主義思想。

【人物群像】

■平岡瑤子：三島由紀夫之妻

平岡瑤子（1937-1995），亦作三島瑤子。畫家杉山寧長女。1958年於日本女子大學在學時，與三島由紀夫結婚，是「見合」婚姻，即經由媒酌介紹而結婚。媒酌人是川端康成。她婚後專職做主婦，並協助丈夫從事文書工作。後來以未亡人身份，與島崎博合編《三島由紀夫書誌》。

■太宰治：「新戲作」的代表作家

太宰治（1909-1948），小說家。原名津島修治，生於青森縣。父親曾是貴族院議員。1930年，太宰治入東京帝國大學法文科，一度參加左翼運動。1935年以短篇小說《逆行》成為第一屆芥川獎的候補作品。因當局加強戰時文化統制，太宰治的作品多迴避現實。1945年發表長篇小說《惜別》，以魯迅在仙台的生活為題材；1947年發表中篇小說《維榮的妻子》、《斜陽》、《人間失格》等，次年投河自盡。

《斜陽》通過主角和子的自敘，反映出第二次世界大戰後日本一個沒落貴族家庭的生活，她的母親眷戀往昔的歲月，弟弟退伍後對前途感到失望；和子則與弟弟的老師、作家上原同居，不顧世間的輿論，生下上原的孩子。作品表現了作者懷念沒落貴族的過去，但「斜陽」已落，無可奈何，反映出一種頹廢的人生哲學。有《太宰治全集》十三卷。

■火野葦平：戰時著兵隊三部曲

火野葦平（1907-1960），軍旅作家、小說家。原名玉井勝則。1926 年入早稻田大學英文科，並開始文學創作。1928 年入伍，因讀進步書籍受到處分，退伍後繼承父業當工頭，並組織搬運工工會。1937 年入伍，參加在中國杭州、南京等地方作戰。其後被選擇為報導班成員，報導日軍在徐州、廣州等地的戰況。

火野葦平的代表作是《麥與兵隊》、《土與兵隊》和《花與兵隊》，合稱「兵隊三部曲」。作品於當局許可的範圍內，描繪戰鬥中的士兵。戰後作為第一號文化戰犯，被逐出文壇。1950 年禁令解除後，再度執筆，成為流行作家。1955 年曾到印度、中國、朝鮮旅行，發表《紅色國度旅行記》，內容反映了自己的失敗感和贖罪心，其後自殺。戰後作品有《花和龍》、《革命前後》。

■林房雄：發表「大東亞戰爭肯定論」

林房雄（1903-1975），作家。原名後藤壽夫。生於大分縣。1923 年入東京帝國大學政治學科，中途退學；在校時與中野重治、鹿地亙等成立社會主義研究會，擔任《馬克思主義》雜誌編輯。1926 至 1929 年，因發表短篇小說及評論而被捕。

1932 年林房雄出獄後，發表評論強調文學和作家的自主性，反映其轉向的態度；1940 年，撰文擁護天皇制和支持侵略戰爭。戰後一度被開除公職，追究其戰爭罪行。1963 年開始連載《大東亞戰爭肯定論》，美化日本的侵略戰爭，聲稱日本為了解放亞洲，遂有「驅逐西方列強勢力」之舉。

4.5 井上靖：日中文化交流協會會長

1. 推動日中交流

井上靖（1907-1991），著名作家、小說家。父親是軍醫，井上靖生於其父任地北海道旭川市。他幼時居住在本籍伊豆湯島，曾就讀於沼津中學、金澤第四高等學校、九州帝國大學；1936 年京都帝國大學哲學科美學專業畢業，入大阪每日新聞社，任學藝部、社會部記者，其後為總社出版局圖書編輯部副部長。

1949 年，井上靖以《鬥牛》獲芥川文學獎。1951年退出報社，專事創作。1955 年，在《世界和平宣言》署名。1957 年，以唐代鑑真為題材寫成《天平之甍》，描述古代中日文化交流的歷史，被譽為井上文學的代表作之一。次年以描寫登山隊的《冰壁》獲藝術院獎，又以日本歷史為題材寫出《風林火山》等。1959 年《敦煌》、《樓蘭》獲每日藝術大獎，內容都是描述中國古代與西域關係，在日本一度引起絲綢之路熱。此外，以成吉思汗為題材的《蒼狼》，據《元朝秘史》創作，曾與大岡升平展開爭辯。

井上靖多次到中國訪問。1961 年與龜井勝一郎等訪華，回國後發表《補陀落渡海記》，獲第十四屆野

間文學獎。1963 年參加鑑真和尚圓寂 1200 年紀念日本文化代表團，與安藤更生等訪華。1965 年，赴中亞細亞考察絲綢之路；同年，《天平之甍》的中譯本由作家出版社出版。1974 年井上靖再赴中國訪問，同年為日中文化交流協會常任理事；次年，以日本作家代表團團長身份訪華。

1976 年，井上靖獲文化勳章。其後又兩度訪華。1984 年以日本筆會會長身份，於東京主持題為「在原子能情況下的文學」的國際筆會。這年他因食道癌開刀，在病房療養期間，寫了《孔子》，成為暢銷書。生平作品甚豐，編為《井上靖小說全集》三十卷。

2.《天平之甍》寫鑑真在日本

井上靖的長篇小說《天平之甍》，1957 年在《中央公論》雜誌連載，描述唐代大和尚鑑真的事蹟，以及他赴日本傳播中國文化所作出的貢獻。

733 年，日本第九次遣唐使的船中，僧人普照、榮睿、戒融、玄朗肩負邀請中國高僧赴日本建立正式授戒制度的使命。眾僧抵唐後，以洛陽大福先寺為據點分頭活動。榮睿和普照同往揚州大明寺，邀鑑真赴日本當傳戒師，得鑑真允諾。

743 年，鑑真乘坐的船由揚州起航，在海上遇到

風暴，脫險後折回揚州。第二次再渡又未成功，榮睿染疾身亡，鑑真雙目失明，但他東渡的決心不變。經過五次失敗，終於在753年日本第十次遣唐使回國時，一行四船，只有鑑真和普照乘坐的第二艘船抵達日本。

鑑真在日本十年，傳授戒律，建造寺院，傳播文化，很受尊重。759年奈良建唐招提寺時，寺殿的屋頂上，安有普照從唐土帶來的鴟尾甍。「天平」是日本奈良時代的年號（729-749），接着由749至767年，依次以「天平感寶」、「天平勝寶」、「天平寶字」、「天平神護」為年號。「甍」是屋脊的意思。鑑真是日本律宗的創始者，他還將中國的建築、雕塑、醫藥等介紹到日本，日本人喜歡喝的味噌湯（麵豉湯），就是鑑真教日本人調配的，逾千年來成為日常生活不可或缺的湯水。傳有《鑑真上人秘方》。

3.《敦煌》、《樓蘭》及其他

井上靖的長篇小說《敦煌》，1959年由講談社出版。故事描述宋仁宗天聖年間（1023-1032），趙行德到開封應進士試，在街上見一名大漢手持大刀，要把一個西夏女子活活割死，他於是買下了這名女子。該獲救女子給了趙行德一張出入西夏國首都的通行證，他於是

去到西夏，適逢動亂，被編入西夏軍的漢人部隊。

其後趙行德救了一位公主，她贈以首飾定情，但後來被西夏王李元昊封為元妃，重逢趙行德時自殺殉情。趙行德自此傾心佛教，誦讀經籍，並譯成西夏文，又加入起兵推翻李元昊的隊伍，但不敵西夏軍隊人多勢眾，退守敦煌。他將大量經籍藏入千佛洞，經過八百五十年，直至二十世紀初，才重新為人所發現。

井上靖的另一部作品《樓蘭》，以樸實的文字記述神秘古國樓蘭的歷史變遷。羅布泊是樓蘭人民生息之本，由於夾在匈奴與漢朝之間，最後決定離開羅布泊，但是往何處去？井上靖的小說，充滿了浪漫的想像和對西域的憧憬與夢想。他晚年的著作《孔子》，被譽為「歷史小說的明珠」。

唐月梅譯《井上靖小說選》（北京：人民文學出版社，1977），計有《比良山的石楠花》、《一個冒名畫家的生涯》、《核桃林》、《棄老》四篇作品，從幾個不同方面反映了日本人民的生活。李德純在《戰後日本文學》一書中說，井上靖以其深刻的思想內容、新穎的藝術構思和出色的現實主義技巧，使讀者從他的作品中獲得巨大的精神力量和藝術財富，包括中國遠古文化在內。他也把日本古典遺產，以一種新筆風同當代日本的生活情趣融匯在一起。

【人物群像】

■中山義秀：描寫戰國武將明智光秀事蹟

中山義秀（1900-1969），歷史小說家。原名議秀，生於福島縣。1920 年入早稻田大學英文科，1922 年與橫光利一等創辦《塔》，畢業後開始小說創作，發表短篇小說《貧民回歸》等。1936 年出版第一部作品集《電光》，1938 年以短篇小說《繡球菊》獲第七屆芥川獎。翌年發表的短篇小說《碑》，以他的祖父為主人公原型。

戰後，中山義秀發表的《特尼安島的末日》，寫他戰時以海軍報導班成員在印尼的經歷。他主要的成就在於撰寫歷史小說，包括《信夫之鷹》、《新劍豪傳》和《戰國史記》，人物形象多為武士，1963 至 1964 年間發表的中篇歷史小說《咲庵》，描寫戰國武將明智光秀事蹟，獲野間文學獎、藝術院獎。1967 年被選為藝術院會員。

■海音寺潮五郎：寫《平將門》的歷史小說家

海音寺潮五郎（1901-1977），小說家。原名末富東作。生於鹿兒島縣。國學院大學高等師範部畢業，任中學教師。1934 年開始專事創作，1936 年發表歷史小說《天正女合戰》、《武道傳記》，描寫懲惡揚善的武士事蹟，獲第三屆直木獎。

戰後海音寺潮五郎的長篇小說，有《平將門》、《孫子》、《列藩騷動錄》等，多是歷史傳記故事，以淵博的史學知識著稱。平將門是平安前期的武將，起兵叛亂，營造王城，自稱新皇。其事蹟詳載《將門記》。

■橫溝正史：塑造大偵探金田一耕助

橫溝正史（1902-1987），推理小說家。生於神戶。大阪醫藥專科學校畢業，其後經商兼從事創作和翻譯。1926年到東京入博文館，參加《新青年》、《文藝俱樂部》、《偵探小說》等雜誌的編輯工作，1932年起專門撰寫偵探小說，《鬼火》、《藏之中》、《珍珠郎》等都富有傳奇色彩。

戰後橫溝正史的作品，有長篇小說《總部兇殺案》、《八墓村》、《惡魔拍球歌》等，通過各種不同的案件，塑造了大偵探金田一耕助的人物形象。1962年撰寫長篇小說《假面舞會》時，未完成就輟筆，從此停止創作。順帶一提，其後天樹征丸（樹林伸）的《金田一少年之事件簿》，把金田一耕助作為漫畫主角金田一一的爺爺。

■松本清張：推理小說的代表性作家

松本清張（1909-1992），著名小說家。福岡縣小倉市人，出身貧寒家庭，做過印刷廠畫工、朝日新聞西部本社廣告工。1950年以後，他寫的文學作品漸有名氣，內容暴露了日本政治及官僚社會的黑暗面，對社會不滿的描述，廣受讀者歡迎，掀起一股推理小說熱潮。曾任日本推理作家協會理事長、日本文藝家協會理事。主要作品有《點與線》、《日本之黑霧》、《砂之器》等。

松本清張先後獲芥川獎、日本偵探作家俱樂部獎、日本記者會議獎、吉川英治文學獎、菊池寬獎、NHK放送文化獎等。他又以獨自的角度研究日本古代史、昭和史，包括《古代史疑》、《游史疑考》和《昭和史發掘》。著作收錄於《松本清張全集》六十六卷。

■開高健：獲川端康成文學獎

開高健（1930-1989），作家。大阪市人。1949 年起，開始創作小說。1954 畢業於大阪市立大學法學部，入佐治敬三的壽屋公司宣傳科工作，編輯《洋酒天國》雜誌；1957 年發表《赤裸的大王》，獲芥川獎。

1964 年，開高健創辦廣告公司，任董事。1968 年發表《發光的黑暗》，獲每日出版社文化獎。1969 年以《玉碎》獲川端康成文學獎。1981 年獲菊池寬獎。曾任日本文藝家協會常務理事、日本筆會理事。《經濟恐慌》、《巨大和玩具》等，都是他的代表作。有《開高健全作品》十二卷。

4.6 東山魁夷：日本畫壇的顛峰人物

1. 以創作日本畫著稱

東山魁夷（1908-1999），著名風景畫家、散文家。本名新吉，神奈川縣橫濱市人。他三歲時，因父親東山浩介工作的關係，舉家移居神戶。十二歲入兵庫縣立第二神戶中學校（現兵庫高校）。1926 年十八歲時，入東京美術學校（現東京藝術大學）日本畫科；1929 年以《山國之秋》入選第十回帝展，惜該作品於

戰災中燒失。1931 年畢業後，入研究科師事名家結城素明。1933 年赴柏林大學美術史學科，留德兩年。因父親病危回國。

東山魁夷以創作日本畫著稱，他在日本傳統畫法的基礎上，揉進西洋畫法，獨具匠心，格調新穎，畫面平靜明亮，而又充滿詩意。1939 年在神戶畫廊首開個展。1943 年，他與川崎小虎、山本丘人結成國土會；同年赴中國旅行，到過北京、奉天（今瀋陽）、承德等地。

2. 戰後的創作歷程

1947 年，東山魁夷的《殘照》成為日本美術展特選作品。1950 年起，歷任日展審查員。他的作品《道》於日展中博得好評，畫中地點是青森縣八戶的種差海岸，通往牧場的一條道路，東山魁夷在相隔十餘年後重臨此處，絕望與希望交織，道路平直，象徵着新的開始。

1953 年，東山魁夷在千葉縣市川市建立家居。1956 年，《光昏》獲日本藝術院獎。畫中所繪，是從野尻湖看黑姬山，浮現夕暮瞬間的光景，金黃的天空，暗紫色的山，而在墨色的海前面，是深淺色調不一的紅葉。同年，他在大丸神戶店開東山魁夷個人展。

東山魁夷先後為東宮御所、吹上御所、新宮殿作壁畫、尤其是凝集了十年心血而成的唐招提寺御影堂壁畫，其栩栩如生的形象，廣泛博得日本民眾的喜愛。

東山魁夷獲獎甚多，計有日本藝術院獎、每日藝術大獎、文化勳章、聯邦德國功勞大十字勳章等等。1965 年成為日本藝術院會員。著有《與風景對話》、《白畫之旅》、《馬車啊，你慢些走》等。長野縣市城山公園內的東山魁夷館，於 1990 年開設；長野縣山口村的東山魁夷心之旅路館，於 1995 年開設。1998 年東山魁夷九十歲時，富山縣立近代美術館、千葉市美術館舉行了東山魁夷展。

3. 幾幅重要的作品

1960 年東山魁夷五十二歲時，完成東宮殿所（現赤坂御所）的《日月四季圖》。翌年，完成吹上御所的《萬綠新》。1968 年六十歲時，皇居新宮殿的大壁畫製作完成，題為「朝明之潮」，壁面五米乘十五米。為此，東山魁夷遍歷日本的海，從山口縣的青海島至北海道的襟裳岬。

另一項重大創作工程，是唐招提寺御影堂障壁畫《山雲‧濤聲》，於 1975 年完成。御影堂安放鑑真和上像，第一期作品以山和海做主題，氣勢恢宏；第二

期作品是中國風景水墨畫，分別是「黃山曉雲」、「揚州薰風」和「桂林月宵」；第三期名為「瑞光」，以大和繪風描寫鑑真最初踏足的日本國土、薩摩半島的秋目浦。東山魁夷專程三度到中國旅遊，總共以十年時間繪製這批作品；其間並在東京日本橋高島屋等多處，及遠至歐洲巴黎等城市，舉辦了幾次相關的主題展覽。

1972 年，中日兩國邦交正常化之際，東山魁夷創作了《春曉》，由日本政府贈送給毛澤東主席。1975 年完成《春之曙》，由日皇送給訪日的英國伊利莎白女皇。作品備受重視，是日本國寶級畫家。

4. 東京美術學校的發展

東京美術學校是日本最早的官辦美術學校，是全國美術教育中心，1887 年由岡倉天心與美國學者弗諾洛薩（Ernest Francisco Fenollosa）共同籌辦，1889 年正式開學。分普通科兩年制和專修科三年制，旨在遵照「自我發展」的要求，發展日本傳統美術，培養繪畫、雕刻、建築和圖案人才。戰後於 1949 年與東京音樂學校合併，成為東京藝術大學。（表 10）

東京音樂學校亦創於 1887 年，四年制，首任校長是伊澤修二，致力推動學校音樂教育、體育和口吃聾啞

人教育。1949 年日本教育體制改革，改為東京藝術大學音樂學部。日本音樂界的代表人物，多出身於該校。

表 10　日本畫東西藝術院校出身的畫家

1880：京都	
京都府畫學校	－
京都市立繪畫專門學校	－
京都市立藝術大學	（現在）
村上華岳	1888-1939
土田麥僊	1887-1936
德岡神泉	1896-1984
山口華楊	1899-1984
小野竹喬	1889-1979
福田平八郎	1892-1974
上村松篁	1902-2001
1887：東京	
東京美術學校	－
東京藝術大學（現在）	（1889 年正式開學）
橫山大觀	1868-1958
下村觀山	1873-1930
菱田春草	1874-1911
東山魁夷	1908-1999
杉山寧	1909-1993

高山辰雄	1912-2007
加山又造	1927-2004
平山郁夫	1930-2009

【人物群像】

■伊東深水：現代美人畫大師

伊東深水（1898-1972），日本畫名家。本名一。生於東京。十四歲學畫，是鏑木清方的入門弟子。十七歲時參與組織鄉土會，展出同人作品。1922 年在世界和平博覽會上，展出題為「指」的畫，從此聲名大振。自1924 年第五屆帝展起，歷次都有作品展出。1933 年起，先後擔任帝展審查員、日本藝術院會員、日展顧問。1937 年中日戰爭爆發後，他曾以隨軍畫家身份到中國，又去過東南亞。

伊東深水的畫，畫風寫實，表現堅實有力，線條準確，色彩鮮明，造型優美。主要創作美人畫，也有風景畫；代表作有《清方先生像》等，《多夢時節》體現了戰後日本女學生的精神美。《對鏡》在戰後第三屆日展中獲藝術獎。此外，他在版畫方面也有成就。

■棟方志功：表現日本宗教題材

棟方志功（1903-1975），版畫家。出身青森縣一個鐵

匠家庭。初學油畫，後來跟從平塚運一改學版畫。他吸收了西方現代派的藝術表現手法，以有力甚至是破碎的刀法，刻畫輪廓線，並且結合傳統的水印技法。作品大多表現日本佛教等宗教題材，既體現出民族特徵，又富有個性，在古樸、單純、稚拙中，見其深厚的藝術功力。

1930 年代後，棟方志功的作品曾多次在國畫畫展等場合中展出；《女觀世音》、《釋迦十大弟子》等，於戰後一些國際性畫展中多次獲獎。1952 後，主持日本版畫院工作。1970 年獲文化勳章。

■杉山寧：日本畫壇「五山」之一

杉山寧（1909-1993），日本學院派畫家。他是淺草文具店老闆杉山卯吉的長子，1928 年入東京美術學校，畢業後與年輕畫家成立瑠爽畫社，開創了戰後日本畫的新領域。

杉山寧曾留學德國，是日本藝術學院會員，文化勳章受賞。他與東山魁夷、高山辰雄、加山又造、平山郁夫，並稱日本畫壇的「五山」（姓名都有一個山字）。

■豐道春海：致力習字教育的書道界泰斗

豐道春海（1878-1970），書法家。栃木縣人。幼名川上寅吉，1890 年受戒得度，出嗣豐道家。屬天台宗，任東京華德院住職。1891 年入西川春洞之門，以普及書道為志趣。

豐道春海於 1914 年創立瑞雲書道會，1930 年創立泰東書院。第二次世界大戰結束後，致力於中小學習字教育，1948 年在日本展覽會新設書道部分，並組成日

本書道聯盟。1958 年任訪中書道代表團團長，到中國訪問；1963 年，在北京、上海、廣州等地開個人展覽會。1967 年獲「文化功勞者」稱號。

■西川寧：編輯《書品》雜誌

西川寧（1902-1989），著名書法家。生於東京，是書法家西川春洞的長子。1926 年畢業於慶應大學文學部中國文學學科，任慶應大學教授，並於東京教育大學、國學院大學、東京大學等校兼課。1933 年創立謙慎書道會。

戰後，西川寧於 1948 年任日本美術展覽會書道部審查員。1949 年起，編輯書道雜誌《書品》。1960 年，以《西域出土晉代墨跡研究》獲文學博士學位。1961 至1965 年，屢任日本訪中國書道代表團團長。1968 年，到歐洲各國調查散佚在外的西域古文書。

4.7 手塚治蟲：原來不太喜歡阿童木

1. 從漫畫到動畫的創作歷程

手塚治蟲（1925-1989），著名漫畫家、動畫製作人。本名治。生於大阪府豐中市。十四歲時，中國萬氏兄弟製作的動畫片《鐵扇公主》在日本公映，給予

他極大震撼，因而走上動漫創作之路。1947年出版漫畫《新寶島》，取得巨大成功。1952年畢業於大阪大學醫學部，專攻內臟外科，獲博士學位。

1958年，手塚治蟲發表《白蛇傳》、《我的孫悟空》。1960年製作的動畫片《西遊記》，獲威尼斯兒童電影節青銅獎。1963年製作的動畫電視連續長劇《鐵臂阿童木》，獲電視記者會獎。接着，1965年製作的《森林大帝》獲多個獎項，包括電視記者會特別獎、厚生省最佳電視作品獎、威尼斯電影節銀獅獎等。次年製作的《新森林大帝 —— 雷歐》，獲日本電視片技術獎。其後，1980年製作的《火鳥2772》獲拉斯維加斯電影節作品獎。

《火之鳥》是手塚治蟲一生中最重要的作品，從1967至1988年，在二十一年間創作了十二個章節，描述發生在不同時空裏的十二個故事，從中可以體驗出他對人類文明、生命意義以至宇宙本源的思考。同時，也應注意其他作品如《怪醫秦博士》等，從中認識手塚漫畫的二重性格。位於寶塚市的手塚治蟲記念館內，除了大量可愛的展品外，館內也有樓層以黑白強烈對比，襯托他的另一類作品，氣氛顯得陰沉，使小孩和膽小的女士們卻步。這類漫畫是手塚治蟲在面臨巨大挫折和失意境況下的反射，不為一些觀眾讀者

所接受。

手塚治蟲一生獲獎甚多，還有文藝春秋漫畫獎、日本漫畫家協會特別獎、講談社漫畫獎等等。主要的作品除上述之外，《街角的故事》、《辛巴歷險記》、《一千零一夜》、《緞帶騎士》等都很有名。在五百多部作品中，獨具個性的故事角色不勝枚舉，既有卡通人物，也有可愛動物，總計十五萬張畫頁，有四百多卷收錄於《手塚治蟲漫畫全集》。

2. 阿童木的前世今生

阿童木的日文名字是 Tetsuwan Atomu，前者乃「鐵腕」的讀音，後者是原子（Aton）的音變，所以中文又有譯成「原子小金剛」的。其創作意念來自 1945 年美國在廣島和長崎投擲的兩顆原子彈，但 2009 年現身大銀幕的小飛俠，英文名叫做 Astro Boy，意即宇宙男孩或星球小子，不叫原子，且凸顯其男孩身份。

手塚治蟲不只一次坦言，他其實並不太喜歡阿童木。這個角色原本是個惹人喜愛的機械娃娃，頭髮結成兩隻突出的尖髻，又大又圓的眼睛有時泛著淚光，腳上穿著只有女孩喜歡的一雙紅靴子。但當初的《少年漫畫》雜誌不接受這樣的女主角，手塚治蟲只好在

頗不情願的狀況下，把她改造成一個機械男孩。手塚治蟲是醫學博士，變性手術大概優以為之，所以變身後的阿童木不但天真活潑，既有男兒氣概，又有點像巾幗英雄，大受讀者和觀眾歡迎，只是手塚治蟲自己直至晚年，仍然沒法忘情阿童木誕生時的原型。

當年手塚治蟲筆下的阿童木，是未來二十一世紀的產物，2003 年 4 月 7 日誕生，故事大致上是這樣的：科學省長官天馬博士因兒子在車禍中喪生，異常悲傷，於是按照兒子的樣貌和性格，創製了一個機械人，本擬藉此使他的兒子「復活」。但他得知機械人無法成長的事實後，憤然將這個小機械人賣給馬戲團。機械人大部分是為人類服務的，也有少部分不需要人類輸入指令，能夠隨意活動。阿童木屬於後者，而且有一顆善良的「心」。人類認為能隨自己意思活動的機械人是危險的，機械人將使人類滅亡，因而大力加以反對，甚至在不同程度上逼害它們。機械人於是決定向人類反擊，天馬博士作為前科學省的長官，亦開始製造邪惡機械人，勇敢而又正義的阿童木，為了拯救人類，極力阻止這些邪惡機械人進行反擊，不惜向它們挑戰。

阿童木的出現，使手塚治蟲奠定了「漫畫之父」甚至「漫畫之神」的地位。漫畫自 1952 年推出之後，

連載了十六年，其間並製成日本第一部電視黑白動畫片，在富士電視台播放，且為日本動畫開闢了世界市場，手塚治蟲自此即專注於電視這種新興媒體上。

3. 手塚治蟲與寶塚的因緣

手塚治蟲五歲時隨家人移居寶塚市，一住就二十年。他母親是個戲迷，經常帶着孩子觀看寶塚歌劇。日本的劇場原是男人天下，做戲和看戲的都是男人，看得膩了，難免興味索然，後來有人想出一條顛覆妙計，組成寶塚少女劇團，變成全女班，以女演員反串男角，這些有英氣的女明星，偏偏受到歡迎。手塚治蟲筆下的一些角色，像《藍寶石王子》（又譯《寶馬王子》）中的一眾人物，從服飾到神態，都是寶塚的造型。這是他第一部面向女孩子的作品，從而衍生出少男、少女漫畫的區別，而在少男、少女之間，又帶點中性的味道。

手塚治蟲紀念館設在寶塚市內，就在寶塚劇場附近。前往參觀的人們，遠遠就可以看見館外的火之鳥，而站在館內迎接來賓的，是阿童木、藍寶石王子、小白獅等眾多卡通人物和可愛動物。阿童木擁有十萬匹馬力和七大神力，能操六十國語言，這個高科技機械人，不論是她是他或是它，是戰後日本重建

和新生的一個標誌，承擔著人類福祉的重任，經歷了自我尋找的旅程，轉眼逾半個世紀，在日本人心目中頗有逐漸遠去之感。其他亞洲國家的孩童，即使長大了，對於日本人心坎裏懷想著的文化傳統和生活感受，不時或會產生一種共鳴。西方人對此是不容易理解的，所以阿童木在東方人和西方人之間，相信已經開始的未來故事，就這樣演繹下去。

漫畫大師筆下的經典角色，通常是不會長大的。天馬博士沒有想到，手塚治蟲也意料不到，阿童木原來還有第八種神力，竟可以隨着時代推移成長起來，外型的變化並不太重要，但願不要更換那顆善良的心！

4. 近代日本漫畫的變遷

1923 年 9 月 1 日，日本發生七點九級關東大地震，死亡及失蹤人數超過十四萬人，損毀房屋逾五十萬戶。這年開始，麻生豐的長篇漫畫《從容不逼的父親・有趣繪畫日記》（或譯《滿不在乎的爸爸》）在報紙上連載，引起社會關注。這漫畫是為了安慰地震受災者的心靈，讓社會重返光明而作的。日本的四格漫畫，就是始於此時。1923 年還有《阿正的冒險》在報紙上連載，描述少年阿正與松鼠冒險的故事。

1930 年，實戶左行在《讀賣周日漫畫》連載《飛速太郎》，把美國技法吸收到日本傳統畫法之中，使日本漫畫展現了新的面貌。戰時日本，除了一些支持戰爭的漫畫外，漫畫界淪於停滯狀態。戰後日本漫畫以飛躍的步伐，呈現了多元化的發展。手塚治蟲是一大流派，在他影響下的漫畫新人脫穎而出。1960 年代初出現的「租借劇畫」，通過街頭渠道發售，面向廣大市民，尤其是全國各地走向大城市的青年，內容力求更多的生活感和現實感，線條粗重和講求氣勢，成為第二大流派。到了 1970 年代，出現了「第三種漫畫」，漫畫家以高超的技法描寫感覺和內心活動，藉此發揮漫畫的內在藝術性。1980 年代以後，三派的界限逐漸模糊，互為影響，題材和體裁更趨多元化了。直至 1990 年代，日本漫畫達到顛峰，漫畫出版物一度佔全日本出版物四成左右，而於 1990 年代後期開始回落。動畫的興起，在一定程度上改變了漫畫的方向。

　　1970 年代的《宇宙戰艦大和號》和《銀河鐵道999》，被譽為日本科幻電影的始祖。1988 年大友克洋的《阿基拉》，號稱日本動畫史上最昂貴的作品。1980 年代的日本動畫，可說是宮崎駿和高畑勳的天下。《風之谷》、《天空之城》、《龍貓》、《魔女宅急便》

等，在國內外都獲好評和廣受歡迎。1988 年，高畑勳改編自野坂昭如小說的《再見螢火蟲》，描述戰時突襲下的神戶，一對兄妹如何生存的故事，可說是結束昭和時代的尾聲。

【人物群像】

■樺島勝一：日本少年漫畫的抬頭

樺島勝一（1888-1965），漫畫家、插畫師。長崎縣諫早市人。1924 年的《阿正的冒險》，是他的代表作。故事寫主角阿正遇到稀奇古怪的怪物，阿正一時成為風靡日本少年的漫畫人物，連他戴著的「阿正帽」也流行起來。樺島勝一的其他作品，有《敵中橫斷三百里》、《亞細亞的曙光》、《怒吼的密林》等。

■大藤信郎：近代日本動漫界名人

大藤信郎（1900-1961），動畫家。他早年受教於小林商會的辛內純一，1926 年設立自由映畫研究所，並製作了第一部動畫《馬具田城的盜賊》，其特色是採用日本獨有的千代紙，使卡通人物更加生動，線條更具美感。千代紙是以精美花色著稱的和紙，起源於京都，花紋繁複艷麗，用途廣泛。

1926 年，大藤信郎還拍攝了《孫悟空物語》，大獲

好評，自此他的名字在動漫界便風行至今。《每日新聞》主辦、代表日本最高榮耀權威的動畫大獎——每日電影獎中的大藤信郎獎，便是以他命名的。

■木下蓮三：諷刺「經濟動物日本」

木下蓮三（1936-1997），電視動畫導演。生於大阪，多產且多次獲獎，例如《Geba Geba 90 Dun》及一些廣告片等。而真正為他和妻子木下小夜子以及他們的製作公司——蓮花工作室帶來國際聲譽的，是一些獨立製作的動畫短片，例如 1972 年的《日本製造》（*Made in Japan*）及 1977 年的《日本人》（*Japanese*）等。

木下夫婦在《日本製造》之中，成功地預言了當時日本的一次經濟大蕭條，這部沒有旁白的影片，深刻地諷刺了「經濟動物日本」。《日本人》描述並譏諷了當時的日本，另一部短片《Picadon》則以原子彈轟炸廣島作為主題。

4.8 服部良一：雅俗共賞的音樂大師

1. 從作曲到指揮之路

服部良一（1907-1993），昭和時期著名的音樂家、作曲家。生於大阪市。大阪實踐商業學校畢業，大阪音樂學院鋼琴專科肄業。1926 年成為大阪中央廣

播局管弦樂團團長，曾向蘇聯作曲家、指揮家麥特爾學習音樂理論、作曲和指揮。

1937 年，服部良一創作了《分別的布魯士》，大獲成功；此後接連創作出《湖畔之宿》、《東京布吉烏吉》、《青山》等高水平的通俗作品，又有《蘇州夜曲》等，廣泛為民眾所喜愛。他創作的歌曲多達二千餘首，還有管絃樂作品《薩克管協奏曲》、《水與煙的對話》等。

1959 年，服部良一任日本作曲家協會理事長；1978 年任會長，此後歷任東京音樂節審查委員長、日本音樂著作權協會會長等職。1969 年獲紫綬褒章，1979 年獲音樂界高等級的勳三等瑞寶章。1993 年獲國民榮譽獎。

2. 東京音樂節和日本歌曲大賽

1972 年開始，日本每年都舉辦東京音樂節，1991 年停辦了一次，1992 年復辦，總共二十屆。東京音樂節包括四個大會，其中世界大會是海內外歌手一起競賽的音樂演出，第八屆開始有香港歌手參加。

日本作曲家協會是由日本作曲家組成的公益性社團，1958 年創立，2012 年成為財團法人。該協會的活動，包括頒發日本唱片大獎和舉辦歌曲大賽等。

【人物群像】

■林謙三：研究東方古代音樂

林謙三（1899-1976），雕刻家、音樂學家。1924年畢業於東京美術學校雕刻科。1949年，他由於在東方古代音樂研究方面取得顯著成績，複製正倉院古樂器成功，獲朝日文化獎。1951至1965年任奈良學藝大學教授，1972年任東京音樂學會副會長。

林謙三的著作《隋唐燕樂調研究》、《明樂八調研究》、《敦煌琵琶譜的解讀研究》和《東亞樂器考》，都有中譯本。其他著作，還有《正倉院樂器研究》和《天平、平安時代的音樂》等。

林謙三是研究正倉院古樂器的專家。正倉院是古代日本貯藏貴重物品的倉庫，內有大量樂器、武器、雕刻、繪畫和金銀珠寶，不少來自中國；並有一萬兩千餘件古文書，是研究奈良朝文化的重要史料。

■清瀨保二：現代民族樂派的先驅

清瀨保二（1900-1981），作曲家。早期跟隨兄長學小提琴，並自學鋼琴。1930年在東京加入新興作曲家聯盟，又師從小松耕輔、普林格斯海姆（Klaus Pringsheim）學作曲。1934年，他所作的一批鋼琴曲《山岡之春》等，受到俄國作曲家齊爾品（Alexander Teherprin）注意，並在國外出版。

1947年，清瀨保二與松平賴則、早坂文雄創立新作曲派協會，多次舉辦音樂會，發表鋼琴曲等代表作。

1962 年訪華，作交響曲《杜甫的詩》。

■齋藤秀雄：著名音樂教育家

齋藤秀雄（1902-1974），大提琴家、指揮家。生於東京。1923 至 1927 年及 1930 至 1932 年兩度留學德國，先後入萊比錫音樂學校和柏林高等音樂學院，跟從名師學大提琴，回國後進行演奏和指揮活動。

1947 年後，齋藤秀雄積極從事專業音樂教育，開辦兒童音樂教室，為建成桐朋學園大學音樂學部奠定了基礎。著有《指揮法教程》。1973 年獲文化功勞獎。他的門生為數眾多，包括指揮家小澤征爾、秋山和慶、岩城宏之，大提琴家堤剛、安田謙一郎、岩崎洸等，都是著名音樂家。

■入野義朗：促進現代音樂創作

入野義朗（1921-1980），著名作曲家。生於蘇聯海參崴。1941 至 1943 年，跟從諸井三郎學作曲。1943 年，畢業於東京帝國大學經濟學部。他在 1950 年代大力引進十二音作曲技法，並且用於創作。

1957 年，入野義朗與音樂評論家吉田秀和等創立二十世紀音樂研究所，舉辦現代音樂節，促進現代音樂創作。1961 年任桐朋學園大學教授，1970 年後，任日本作曲家協議會委員長；1973 至 1975 年，任日本現代音樂協會委員長。國內外獲獎作品甚多，著有《十二音音樂》等。

■美空雲雀：國民愛戴的「昭和歌姬」

美空雲雀（1937-1989），昭和時期著名女歌手及演員。本名加藤和枝。神奈川縣橫濱市人。九歲時她父親組成樂團，自此開始演唱。1948 年以美空雲雀之名，在日劇小劇場演出。次年參與拍攝電影，主演松竹映畫，其後又主演《伊豆舞孃》，成為大眾文化界明星。

美空雲雀以歌曲激發戰後日本人在艱苦環境下生存下去的希望，在日本歌謠界奠定了無可動搖的地位，有「歌謠界之女王」、「昭和歌姬」的稱號，為日本國民所愛戴。演唱歌曲多達一千二百首、唱片六百七十五張，銷售合計六千八百萬張以上。她逝世後被贈予國民榮譽獎，是日本女性首次獲此殊榮。美空雲雀與石原裕次郎，同被視為第二次世界大戰後日本最具代表性的藝人。京都市嵐山有美空雲雀紀念館，東京市目黑亦有美空雲雀紀念館。

4.9 梅屋莊吉：日活電影公司創辦人

1. 家世和早年活動

梅屋莊吉（1868-1934），昭和前期的企業家。長崎縣人。原姓本田，出生不久便成為梅屋商店老闆的養子。十五歲時乘坐自己家裏的船鶴江號到中國上海遊歷，目睹上海的繁華。1893 年因經營糧食失利，出

走廈門；翌年回國，與大井憲太郎共赴香港，開設照相館，作為推行南洋貿易和移民計劃的基礎。

1895 年，梅屋莊吉結識孫中山，協助他組織興中會第一次武裝起義；失敗後協助孫中山避難到日本，並提供資金。1905 年，資助同盟會機關報《民報》雜誌在東京刊印。1910 年受孫中山之託，購運軍火以備革命所需。1911 年春，在東京設立事務所，名為承認中華共和國促進同盟會，替同盟會籌辦物資。武昌起義爆發後，他再度捐款。

2. 資助孫中山革命

1912 年，孫中山就任中華民國臨時大總統後，梅屋莊吉在日本組織各界人士集會，要求日本政府早日承認中華民國政府。翌年，他將武昌起義的紀錄影片贈予孫中山。1914 年討袁革命發動後，梅屋莊吉參與籌劃駐山東日軍協助討袁軍。同年，贊助成立中華革命黨航空隊。1916 年，由中華革命軍東北軍司令居正委任為中國革命軍東北軍武器輸入委員。

孫中山逝世後，梅屋莊吉自 1928 年起，製作了四座孫中山雕塑銅像，初時擬在日本放置，藉以促使日本的統治階層反省，停止反華陰謀，但遭日本官方反對，未能實現。第一座銅像完成後，他親自護送到

中國，豎立於南京中央軍官學校校園，後來移到中山陵。第二座銅像置於黃埔陸軍軍官學校舊址中山公園內，同年將第三座銅像贈予廣東中山大學。第四座銅像贈予中山縣中山故居，後來移到至澳門的國父紀念館。

梅屋莊吉因支持中國革命事業，被東京憲兵隊傳訊。九一八事變後，日本軍方指控他「叛國」。他一生致力於中日友好活動，是值得肯定和推崇的。

3. 日活映畫株式會社

日活映畫株式會社是日本最早的電影公司，1912年以日本活動寫真株式會社的名稱創建，其前身是大日本電影機械產品株式會社的一部分，1915年掌握了日本國內三分之二的電影市場。但由於管理不善，一度出現財政困難，其製片設備於1942年併入新建的大映電影株式會社，日活只保留其聯號電影院，戰後直至1954年才恢復製片，以各種題材和形式的影片吸引各界觀眾，並開展電視廣播事業。

【人物群像】

■市川猿之助：日本俳優協會第一任理事長

市川猿之助（1888-1963），歌舞伎演員。他是這個稱號的第二代，本名喜熨斗政泰，屋號澤瀉屋。東京市人。早年曾到早稻田大學聽坪內逍遙的課，又到慶應義塾聽永井荷風的課。1909 年與小山內薰等組成自由劇場，成為歌舞伎界的革新人物，曾演出高爾基的《底層》等。1910 年繼承猿之助的稱號。

1919 年，市川猿之助到歐美各國考察劇場，受到蘇聯芭蕾的影響。回國後創作新舞蹈，如《黑塚》、《蟲》等。又創立吾聲會，舉辦春秋座，曾演出作家真山青果等的作品。

戰後，市川猿之助任日本俳優協會第一任理事長。1955 年 10 月，帶歌舞伎劇團到中國訪問演出。1961 年率團到蘇聯演出。1963 年 5 月，他將稱號讓給孫子，自號猿翁，不久去世。

■小津安二郎：戰後日本的電影大師

小津安二郎（1903-1963），著名導演、編劇。生於東京都。中學畢業後曾任小學代課教員。1923 年入松竹映畫公司蒲田電影製片廠，擔任攝影助手；1927 年升任導演，拍攝處女作《懺悔之刀刃》，1933 年執導劇情片《心血來潮》，《我畢業了，但是》被《電影旬報》選為年度最佳電影。1935 年，執導歌舞伎演員尾上菊五郎六世演出的《鏡獅子》。1936 年的《獨生子》，是他拍攝

的首部有聲電影。

　　戰後，小津安二郎的作品屢獲好評。1949 年的《晚春》，被《電影旬報》選為年度最佳電影第一位；1951 年的《麥秋》，亦獲得此殊榮。1953 年的家庭倫理電影《東京物語》，獲第一屆倫敦國際電影節薩瑟蘭獎。1958 年以彩色膠卷拍攝的《彼岸花》，獲藝術祭文部大臣獎及紫綬褒章。1963 年，小津安二郎被選為藝術學院會員，是電影導演首次獲此榮譽。他總共導演了五十四部電影，有《小津安二郎作品集》等。

■石原裕次郎：「太陽族」巨星

　　石原裕次郎（1934-1987），昭和後期著名演員、歌手，與美空雲雀同被視為第二次世界大戰後日本最具代表性的藝人。生於兵庫縣神戶市。政壇名人石原慎太郎之弟。慶應義塾大學中輟。石原裕次郎是其製作公司石原 Promotion 的第一任社長。他的妻子是前日活頭牌女星北原三枝，本名石原麻紀子，舊性荒井，婚後引退。

　　石原裕次郎將其兄的文學作品《太陽的季節》拍成電影，又拍攝另一本「太陽族」小說《瘋狂的果實》，並且擔任主角，大受歡迎。接着的《風雲男兒》更令他人氣急升，晉身大明星行列。後期以製作人和演員身份活躍於電視圈，代表作品有《向太陽怒吼！》、《大都會》和《西部警察》等。但他因嗜煙酒和肉食而患上癌症，英年早逝。北海道小樽市於 1991 年設立石原裕次郎紀念館。

第五章

教育、學問與科技

教育的普及，在明治時代已見其成效；人文社科、自然科學和應用技術的發展，成果都非常可觀。昭和時代獲諾貝爾物理學獎的科學家，有湯川秀樹、朝永振一郎、江崎玲於奈；福井謙一獲化學獎，利根川進獲醫學、生理學獎。

文學方面，在眾多的小說家之外，文學研究者著述甚豐，不少人且注重中國文學。歷史研究方面，東京大學、京都大學是兩大重鎮；史學界重視唯物史觀，是明顯可見的現象之一。思想哲學方面，西田幾多郎、丸山真男等名家互有特色。（表11）

日本的大學分為國立、公立、私立三類，分擔不同的教育位置。在昭和後期，全國有逾八百家大學；僅東京都內，就有綜合大學和專門大學一百多家。日本人戲言，在火車站、地鐵站賣「弁當」（飯盒）的地方，附近就有大學。

國立大學的著名學者，退休後不少受聘於私立大學，延續其教學和研究生涯，發揮其學術影響。重要大學的校長，很多是從本校教授群中選出擔任，這有助於維持大學傳統；私立大學的校長和院長，則聘自鄰近國公立大學退休的學者，因此也可保存地區的學術風氣。大學重視傳統和學風，使長期建立起來的優勢得以維持，日本學者的成就，除了個人的才華和努

力外，學術環境的建立和師承風氣的養成也是很重要的。不過，受到歐美教育制度的影響，近年已漸失其特色了。

表 11　二十世紀日本學術文化成就

領域	人物（生卒年份）	主要業績
思想	美濃部達吉（1873-1948）	提出天皇機關說
	吉野作造（1887-1933）	倡導民本主義
	丸山真男（1914-1996）	政治思想史研究
哲學	西田幾多郎（1870-1945）	日本哲學的開始
	田邊元（1885-1963）	田邊哲學
	加藤周一（1919-2008）	日本文明史學
文學	夏目漱石（1867-1919）	近代日本文學界代表
	森鷗外（1862-1922）	浪漫主義文學和歷史小說
	川端康成（1899-19724）	新感覺主義文學
歷史	白鳥庫吉（1865-1942）	確立實證主義史學
	內藤湖南（1866-1934）	東洋史及日本文化史研究
	津田左右吉（1893-1961）	日本古代史的科學研究
民俗	柳田國男（1875-1962）	日本民俗學的誕生
	折口信夫（1887-1953）	古典文學和民俗學

經濟	福田德三（1874-1930）	建立經濟理論和經濟史
	河上肇（1879-1946）	馬克思經濟學的誕生
	都留重人（1912-2006）	首撰日本《經濟白皮書》
醫學	北里柴三郎（1853-1931）	細菌學和傳染病研究
	野口英世（1876-1928）	研究細菌學和醫學
物理	長岡半太郎（1865-1950）	提出核結構理論
	湯川秀樹（1907-1981）	理論物理學
	朝永振一郎（1906-1979）	理論物理學
化學	池田菊苗（1864-1936）	發明味精
	福井謙一（1918-1998）	理論化學

1988 年，為紀念專利制度實施一百週年，日本專利廳和發明協會，表彰了明治維新以後，在科學技術領域作出傑出貢獻的十大發明家：

（一）豐田佐吉，1890 年發明木製人力織布機，1897 年又發明木製動力織布機，1909 年完成鐵製寬幅動力織布機。

（二）御木本幸吉，1893 年起，在神明灣試養珍珠貝，養殖出半圓珍珠；1905 年，他又養殖出圓珍珠。此外，還發明珍珠貝養殖籠等器具。

（三）高峰讓吉，應用日本傳統的釀酒技術，開發出用麥麩（篩過後剩下的麥皮和碎屑）代替麥芽製作

威士忌酒的技術；1894 年研究出高效消化酶——高澱粉糖化酶；1900 年與中上啟三合作，分離出腎上腺素（激素之一）晶體成功。

（四）池田菊苗，1907 年起，用海帶做實驗，發現香味之源谷氨酸鈉（MSG），他與實業家鈴木三郎助合作，確立工業化生產味精的工藝。

（五）鈴木梅太郎，1910 年發表學術論文，提出腳氣病因是缺乏維他命 B1 的觀點，並從米糠中成功提取維他命 B1，命名為米糠素。

（六）杉木京太，1915 年發明日文打字機。

（七）本多光太郎，將物理學的測定方法應用於冶金學領域，1917 年與高木弘合作，發明含鈷 35% 的 KS 永磁鋼；1933 年又與增本量、白川勇記合作，成功研製出保磁性高十倍的新 KS 永磁鋼。

（八）八木秀次，1926 年與宇田新太郎合作，發明「八木天綫」。

（九）丹羽保次郎，1928 年發明 NE 式照片傳真技術。

（十）三島德七，發明 MK 磁鋼（沉澱硬化型鑄造水磁鋼）。

5.1 諸橋轍次：刊行《大漢和辭典》

1. 主持靜嘉堂文庫

諸橋轍次（1883-1982），漢學家、語言學家。生於新潟縣。1910 年東京高等師範學校漢文研究科畢業，歷任群馬師範、東京高師附屬中學、東京高師、東京文理科大學教職。1946 至 1955 年，主持靜嘉堂文庫。

靜嘉堂文庫位於東京都世田谷區，是一間專門圖書館和美術館，主要收藏和漢古籍、東洋古美術品，以及少數近代美術作品。計有漢籍十二萬冊、和書八萬冊，東洋古美術品六千五百件。當中包括 1907 年從中國收購的浙江湖州皕宋樓陸心源舊藏書，及日本漢學家的舊藏，在日本是繼宮內廳書陵部之後，收藏漢籍宋元古本最豐富的圖書館。

從 1955，至 1960 年，諸橋轍次生平用力最勤編成的巨著《大漢和辭典》十三卷，由大修館刊行。該辭典收漢字五萬餘個，收詞五十二萬六千五百條，記其出處，厚達一萬五千頁，印刷亦很精良。1960 至 1964 年，諸橋轍次任都留大學校長。1965 年，獲文化勳章。1967 年，從青山學院退職。1975 年起，刊

行《諸橋轍次著作集》十卷。1981 年九十九歲時,《廣漢和辭典》刊行。

2. 編纂《大漢和辭典》的經過

1918 年,諸橋轍次得教育家嘉納治五郎資助,初次到中國,曾見過蔡元培、陳寶琛等。次年來華學習中國哲學和文學,至 1921 年回國,其間曾與康有為、章炳麟、胡適、張元濟、葉德輝等學者交往。1928 年與大修館定約,編纂《大漢和辭典》。1935年大致完成,由於比較倉促,此後十幾年間,一面修改,一面積極從事漢學研究。《大漢和辭典》第一卷於1943 年出版,當時全書的活字已經排好,諸橋轍次因編纂此辭典,獲朝日新聞社頒授朝日獎。惜 1945 年《大漢和辭典》毀於戰火,僅存三部校樣。

戰後,以辭典校樣為基礎,重新加以整理,小林信明、渡邊末吾、鎌田正等人投入此一龐大工作。到了 1960 年,由於照相排版等技術進步,《大漢和辭典》終於能夠全部刊出。其後二十餘年,鎌田正、米山寅太郎等,一直在進行《大漢和辭典》的修訂工作,諸橋轍次去世兩年後,修訂版才於 1984 年出版。

3. 對中國學術思想史的研究

諸橋轍次在語言研究之外，對儒家思想和先秦文獻亦有專深的探討，有《經學研究序說》、《唐宋經學史》，其《詩經研究》分別從作為「經」的《詩經》、作為「史」的《詩經》和作為「文」的《詩經》三個層次進行了論說，在《詩經》研究中別具一格。

關於孔子和老莊，諸橋轍次著有《論語講義》、《孔子傳》、《論語和我》、《孔子和老子》、《老子講義》、《莊子的故事》，在文獻考證的基礎上展開理論性的探討，從而表現出把中國傳統經學研究與現代歷史學結合的研究方法。此外，他還著有《支那的家族制》等。

李慶著《日本漢學史（第二部）》（上海：上海外語教育出版社。2004 年）指出，諸橋轍次的中國經學和思想研究，「也多建立在對中國古代語言文字研究的基礎之上」。反過來說亦然，由此可見《大漢和辭典》的編纂特色。

■伊波普猷：有「沖繩學之父」的稱號

伊波普猷（1876-1947），民俗學家、研究沖繩問題的先驅者。那霸市人。他讀中學時，因抗議縣當局實行歧視沖繩人的文教政策，參加罷課，與幾個同學一起被勒令退學。其後於第三高等學校畢業，入東京帝國大學語言學科，1906 年畢業後返回沖繩縣。

1911 年，伊波普猷任沖繩縣立圖書館首任館長。他一面進行啓蒙活動，一面以語言學為中心，研究沖繩問題。1925 年前往東京，埋首於古代歌謠《心願集》的研究。著有《古琉球》等。

■金田一京助：率先研究阿伊努語

金田一京助（1882-1971），語言學家。山形縣盛岡人。東京帝國大學語言學科畢業，歷任東大、國學院大學教授，及文部省國語審議會委員等。著有《阿伊努研究》、《國語音韻論》等。

金田一京助的兒子金田一春彥，也是語言學家，畢業於東京帝國大學文學部國文科，歷任上智大學外語系教授、日本放送協會用語委員。著有《日語》、《日語方言》、《日本人的語言表現》、《新日語論》、《童謠唱歌的世界》、《語詞歲時記》等多種。

■土岐善麿：致力羅馬字拼音運動

土岐善麿 (1885-1980)，詩人、語言學家。生於東

京。1908 年畢業於早稻田大學，先後在讀賣新聞社、朝日新聞社工作，至 1940 年退社。1910 年，土岐善麿用羅馬字拼音出版詩集。其詩風對石川啄木等頗有影響。戰時他被視為自由主義者，受到右翼詩派攻擊。

戰後，土岐善麿倡導人民短歌。所著《田安宗武》，1947 年獲學士院獎。1949 至 1961 年，任文部省國語審議會會長，並任羅馬字拼音運動本部委員會。1951 年任東京都日比谷圖書館館長。1954 年任藝術院會員。曾任日中文化交流協會顧問，兩次到中國訪問。他最特別的創作成就之一，是為三十多所中小學撰寫校歌。

■土屋文明：《萬葉集》研究大家

土屋文明（1890-1990），詩人、學者。群馬縣人。中學時代開始創作短歌、新體詩，1909 年成為短歌雜誌《阿羅羅木》同人。1916 年畢業於東京帝國大學文學科，曾任中學校長等職。

1925 年，土屋文明出版歌集《冬草》；1930 年發表《往返集》，同年擔任《阿羅羅木》編輯、發行人。此時研究短歌理論和《萬葉集》，1932 年發表《短歌理論》和《萬葉集年表》，其後又發表《萬葉集之我見》等，成為研究《萬葉集》的大家。1933 年任明治大學講師，後任教授。

1946 年，土屋文明完成巨著《萬葉集之我注》二十卷，獲藝術院獎。1948 年起，發表短歌集《山下水》、《自流泉》。1961 年當選為日本藝術院會員。1968 年發表《青南集》和《續青南集》，獲讀賣文學獎。他的代表作，還有《少安集》、《山谷集》等。

■神田喜一郎：版本目錄學家

神田喜一郎（1897-1984），歷史學家。出身京都市。1921年畢業於京都帝國大學文學部中國史學科。曾任台北帝國大學副教授。1935年到法國，研究中國散佚在外地的古文獻。

1945年，神田喜一郎任大阪商科大學教授；1949年，改任大阪市立大學教授。1952至1960年，任京都博物館館長。此外，他還長期擔任文化廳文化資料專門審議委員。著有《東洋學說林》、《敦煌五十年》等。

5.2 貝塚茂樹：「京大三傑」之一

1. 著名中國史學者

貝塚茂樹（1904-1987），東洋學家。生於東京。本姓小川，1945年嗣其妻本家，改姓貝塚；父親小川琢治是地理地質學家，任教於京都帝國大學，一門俊傑，幾個兒子後來都成為著名學者。貝塚茂樹與兄長小川芳樹、弟弟湯川秀樹和小川環樹各有不同姓氏，共通點是名字後面都是一個「樹」字。其兄小川芳樹是東京大學環境學博士，曾任職於空間情報科學研究中心。

1928 年，貝塚茂樹畢業於京都帝國大學東洋史學科。曾留學北京，1930 年任東方文化學院京都研究所研究員。1946 年以《中國古代史學之發展》取得文學博士學位，獲朝日文化獎。1946 年任京都大學教授，並任人文科學研究所所長。

1958 年，貝塚茂樹到美國哥倫比亞大學任客籍研究員。1962 年，以《諸子百家》獲每日出版文化獎。1962 至 1967 年，參加日美民間會議；次年退休，獲京都大學名譽教授稱號。

2. 致力促進日中友好

貝塚茂樹主張日中友好，1954 年參加日本學術文化訪華團，到中國訪問，他在國內則熱情接待中國訪日人士。1978 年與井上靖等發起成立京都日中學術交流座談會，擔任顧問。貝塚茂樹與吉川幸次郎、桑原武夫合稱「京大三傑」。

1959 至 1962 年，貝塚茂樹參加平凡社《亞洲歷史事典》十卷本的編寫；1962 年，主編角川書店《世界美術全集》第十二卷《中國：周與戰國》；1966 至 1967 年，任人物往來社《東洋之歷史》十二卷本監修；1973 年，他與桑原武夫合編《日本與中國》，作為筑摩書房《中國講座》第五卷；次年，任講談社《中

國歷史》十卷本的編集委員。

3. 主要代表著作

貝塚茂樹的主要著作，計有《中國史學的發展》
（1948）、《中國古代國家》（1952）、《中國歷史》三
卷（1957）、《古代殷帝國》（1958）、《京都大學人
文科學研究所藏甲骨文字》三冊（1959）、《諸子百
家：中國古代的思想家們》（1962）、《史記：中國
古代人物群像》（1963）、《春秋戰國與古代印度》
（1965）、《司馬遷 —— 史記列傳》（1968）、《中國的
黎明》（1968）、《古代的復活》（1971）、《中國的神話》
(1971)、《中國的傳統與現代》（1973）等。

中央公論社從 1976 年開始出版《貝塚茂樹著作
集》，總共十卷，卷目如下：（一）《中國的古代國
家》；（二）《中國古代的社會制度》；（三）《殷周古代
史的再構成》；（四）《中國古代史學的發展》；（五）《中
國古代的傳說》；（六）《中國古代的精神》；（七）《中
國的史學》；（八）《中國的歷史》；（九）《中國思想與
日本》；（十）《孫文與毛澤東》。1978 年出齊。

【人物群像】

■小川環樹：中國古代文學研究者

小川環樹（1910-1993），漢學家。地理學家小川琢治之子，貝塚茂樹、湯川秀樹是他的兄長。1932 年畢業於京都帝國大學文學部中國哲學文學科，赴中國留學；回國後任大谷大學教授、東北帝國大學法學部講師等職。1948 年任東北大學教授，1950 年任京都大學文學部中國文學副教授，次年獲文學博士，1962 年任文學部教授。1974 年從京大定年退職，獲名譽教授稱號。

小川環樹在京都大學任教時，長期與吉川幸次郎合編《中國文學報》。1976 年轉到京都產業大學任教，次年與吉川幸次郎合編由岩波書店出版的《中國詩人選集》三十三卷。主要著作有《漢文入門》（1957）、《唐詩概說》（1958）、《蘇軾》二卷（1962）、《內藤湖南》（1971）、《風與雲——中國文學論集》（1972）、《陸游》（1974）、《史記列傳》和《蘇東坡詩選》（1975）等。

■吉川幸次郎：中國文學專家

吉川幸次郎（1904-1980），漢學家。生於神戶市。1926 年畢業於京都帝國大學文學部，在學時受狩野直喜、鈴木虎雄等教授指導。就讀大學院期間，1928 年到北京留學，在北京大學聽課，並受楊鍾義指導。1931 年回國，任東方文化學院京都研究所研究員兼文學部講師。1940 至 1943 年，刊行《尚書正義》定本四冊。

吉川幸次郎於 1939 年從事元曲研究，1947 年以《元

雜劇研究》獲文學博士；同年，任文學部中國文學主任教授。1957 至 1963 年，主編《中國詩人選集》兩集；其中的《詩經國風》、《宋詩概說》和《元明詩概說》，是由他自己撰寫的。退休後專研杜甫詩，頗多創見。1969 年列為文化功勞者，同年獲法國儒蓮獎。

吉川幸次郎曾於 1954 年訪問美國，1960 年訪問蘇聯。中日復交後，1975 年任學術文化訪華使節團團長到中國訪問。著作輯成《吉川幸次郎全集》二十五卷。

■桑原武夫：法國文化研究者

桑原武夫（1904-1988），文學研究家、評論家。出身於福井縣敦賀蓬萊（敦賀市）。他是著名東洋史學家桑原騭藏的兒子，1938 年畢業於京都帝國大學文學科，在中學任教，同時從事法國文學的翻譯和介紹。1943 年任東北帝國大學副教授，1948 年任京都大學人文科學研究所教授。他與貝塚茂樹、吉川幸次郎是同學，合稱「京大三傑」，成為新京都學派的中心人物。

1955 年，桑原武夫訪問中國和蘇聯。1958 年，任京都大學山岳會登山隊隊長，赴巴基斯坦攀登七千六百五十四米的 Chokoriza 峰，上山後，進行東西學術交流調查。1959 至 1963 年任京都大學人文科學研究所所長，1968 年從京大退休，獲名譽教授稱號。

桑原武夫的主要著作有：《法國百科全書的研究（1751-1780）》（1954）、《羅素研究》（1957）、《文學理論的研究》（1967）、《日本與中國》（1972）、《歷史與文明的探索》（1976）、《與中國相處的方法》（1978）及對談集等，合編為《桑原武夫集》十卷。

■小野川秀美：中國近代思想史家

小野川秀美（1909-1980），歷史學家。生於高知縣安藝郡。1933 年京都帝國大學東洋史學科畢業後，入東方文化學院京都研究所從事突厥回鶻歷史的研究。1951 年任京都大學人文科學研究所東方部副教授，1953 年以《清末政治思想史》獲文學博士。1963 至 1964 年，任京都大學人文科學研究所雍正硃批論旨研究組組長。1965 年升教授。1970 年起整理編集《宮崎滔天全集》四卷。1975 年退休，改任奈良大學文學部教授。

小野川秀美編有《金史語匯集成》三卷（1960-1963）、《民報索引》（1964），代表作是《清末政治思想研究》（1960），分洋務論、變法論、革命論闡釋晚清思潮。其他著作包括《孫文——毛澤東》（1969）、《清末洋務派運動》（1973）、《辛亥革命之研究》（1978）等。

5.3 三上次男：首倡陶瓷之路的學者

1. 從東北亞歷史到陶瓷研究

三上次男（1907-1987），考古學家，中國史研究者，文學博士。京都府人。1932 年畢業於東京帝國大學東洋史學科，留校任教，專攻東北亞史；1934 至 1949 年，曾九次到中國進行考察，1949 年升教授。

1967 年退休後，三上次男改任青山學院大學教授。1974 年以《金史研究》得學士院獎。此書共分三卷：卷一〈女真社會研究〉、卷二〈金代政治研究〉、卷三〈金代社會研究〉，1972 年由中央公論社出版。

戰後，三上次男從 1955 至 1974 年，每年出訪一次東南亞及歐美；其間又開闢伊朗、埃及的發掘工作，證明中國陶瓷器在元代已經到達埃及，稱此路線為陶瓷之路。所著《陶瓷之路：東西文化接觸點的探索》，1969 年由東京岩波書店出版。有中譯本，胡德芬譯，1983 年由天津人民出版社出版。

三上次男的其他著作，包括：《中國古代史的諸問題》（1954）、《滿鮮原始古墳墓之研究》（1961）、《古代東北亞史研究》（1966）、《中國文明與亞洲內陸》（1974）等。關於陶瓷的專書，有《波斯陶器圖錄》、《波斯、埃及和土耳其的陶器》、《托普卡普薩拉伊的中國陶瓷》等，在日本和國際陶瓷學界，贏得很大聲譽。

2. 記述陶瓷之路的考察歷程

三上次男在《陶瓷之路》的〈中譯本序〉中說，此書「主要是從考古學方面進行闡述，以說明中國陶瓷自古以來是如何地被輸往海外各國，而在海外又如

何地得到重視。並且還擬通過這些事實，探索中國與外國之間在經濟關係和文化關係方面的具體情況」。

三上次男對這些問題感到興趣，始自 1950 年代，在將近三十年間，獲知中國陶瓷器的輸出過程，近則抵附近的東亞各國，遠則達中東各國以及歐美。通過研究還認識到：古代和中世紀中國陶瓷器生產的實際情形，陶瓷器生產與同時代的中國政治、社會、經濟、文化等的關係，當時的貿易狀況，以及在輸入中國陶瓷的各國之間，所出現的陶瓷製作技術上和文化上的影響等。

《陶瓷之路》記錄了三上次男目擊的器物，是一部傑出的著作。全書共分十章：（一）〈在埃及流行的中國風〉；（二）〈東非和東方陶瓷──中國陶瓷研究的新領域〉；（三）〈運往阿拉伯半島的東方商品 ── 中國陶瓷去到非洲和歐洲的橋頭堡〉；（四）〈伊斯坦布爾的托普卡普薩拉伊博物館──中國陶瓷的世界性搜集〉；（五）〈從東地中海到美索不達米亞──與中國陶瓷相遇〉；（六）〈帶往波斯的中國陶瓷〉；（七）〈印度河河口的廢港──阿富汗和巴基斯坦〉；（八）〈南海的青瓷── 從印度到斯里蘭卡〉；（九）〈東南亞的中國陶瓷──以菲律賓的新發現為中心〉；（十）〈陶瓷之路──中世紀東西方貿易的象徵〉。第十章是全書的重點，

並且把各章的論述貫串起來。

三上次男在〈跋〉中說:「此書只不過是一塊研究過程中的里程碑罷了。在世界史上,東西方貿易是一個饒有趣味的課題,希望年富力強的研究者,繼續對這個問題進行持之有恒的鑽研,以獲得更為巨大的成就。

胡德芬在〈譯後記〉中指出,三上次男的考察工作是十分艱苦和繁重的,他在兩次埃及之行中,曾經對那裏出土的六七十萬片古代陶瓷片進行了逐片的檢查,最後選出中國陶瓷一萬二千片,為此付出了巨額的勞動,也因此獲得了卓越的研究成果。

3. 陶瓷之路與中外交通

八世紀中葉,中外交通貿易發生了兩大變化:其一,是中國外銷的產品,在此之前是絲綢,而在此之後,除了絲綢,瓷器也逐漸成為出口貿易的大宗,包括唐三彩之類的精美陶器;其二,是外銷產品的通道,在此之前以經由沙漠的陸上絲綢之路為主,而在此之後,經由南海西航的海路發展起來,逐漸居於首位。

基於這樣的變化,有人把相對於陸上絲綢之路的海道稱為「海上絲綢之路」,簡稱「海上絲路」;又

有人根據海道有大量陶瓷外銷的特點，稱為「陶瓷之路」。海道的西端，古代已存在海上的香料貿易，後來香料也是中國從海上進口的主要貨物，因而也有人稱之為「香瓷之路」。陶瓷之路的航程，從廣州通海夷道，約需九十天左右，阿拉伯地理學家也有大致相同的記載。

【人物群像】

■羽田亨：專攻西域史的學者

羽田亨（1882-1955），史學家。生於京都市，原姓吉村，十八歲時出嗣羽田家。1907 年畢業於東京帝國大學文科大學，入京都帝國大學大學院研究。1924 年任京大教授，1938 至 1945 年任京大總長。退職後任貴族院議員，至 1947 年。1945 至 1948 年，任京大東方文化研究所所長。

羽田亨精通烏拉爾阿爾太語系及伊朗語系語言，應用於北亞、中亞史研究。長期任學士會會員，曾獲法國儒蓮獎。著作有《西域文明史概論》（1931）、《西域文化史》（1948），及《羽田博士史學論文集》（1957-1958）等。

■杉本直治郎：廣島大學著名學者

杉木直治郎（1890-1973），歷史學家、文學博士。
1923年畢業於京都帝國大學，留學法國。1927年任大
阪外國語學校講師，1929年任廣島文理科大學教授。著
《阿倍仲麻呂傳研究：朝衡傳考》、《日本人在印度支那
發展之研究》。

戰後，杉本直治郎於1946年任廣島大學教授，至
1954年退職，獲名譽教授銜。專攻南海史、東西交涉
史。主要著作，有《基礎東洋史》、《真如親王傳研究：
高丘親王傳考》、《東南亞史研究》第一卷等。

■三枝博音：研究科學技術史

三枝博音 (1892-1963)，哲學家。生於廣島縣，1922
年畢業於東京帝國大學哲學科，曾任東洋大學、立正大
學教授；1928年與永田廣志等發起無神論運動，次年創
刊《黑格爾及辨證法研究》。1931年自費留學德國，次
年與戶坂潤等設立唯物論研究會，該會於1938年解散。

1933年，三枝博音以同情共產黨嫌疑被檢舉，為
此，被逼辭去各種教職。他用多個筆名發表文章，從事
日本哲學思想及科學技術史研究。太平洋戰爭期間，主
編《日本科學古典全書》；研究明代宋應星著《天工開
物》，撰有專書。他強調《天工開物》不只在中國，而
是整個亞洲具代表性的技術典籍。

戰後，三枝博音任明治大學教授。1946年創設鎌倉
大學，1948年改稱鎌倉科學院。1960年當選日本科學史
學會會長，次年任橫濱市立大學校長。後因火車事故去
世。有《三枝博音著作集》十二卷及別卷。

■岡邦雄：著名科學史家

　　岡邦雄（1890-1971），日本技術論的開拓者。生於
山形縣。1905 到東京，一面打工、一面自學。1916 年
在九州大學工學部任助教，開始研究科學史。1919 年再
到東京，任中學教師。1931 年在《日本資本主義發達史
講座》中，與小倉金之助合著《自然科學史》；次年，與
戶坂潤等創設唯物論研究會。後於 1938 年以此事被檢
舉，1940 年保釋。1942 年他在《現代日本文化史》叢書
中發表《科學史》，署名「石原純」。1944 年被判刑三年。

　　戰後，岡邦雄任三枝博音主持的鎌倉科學院技術
史教授。1948 至 1951 年，出版《自然科學史》七卷。
1957 年，出版《科學的現代史》及《科學與人間性》。
他晚年經常參加產業教育研究聯盟的集會。

5.4 家永三郎：編著《檢定不合格日本史》

1. 一個歷史學家的足跡

　　家永三郎（1913-2002），著名歷史學家、教育學
者。生於愛知縣名古屋市一個軍人家庭。其父家永直
太郎性情剛直，升至少將後提早退休。家永三郎自幼
體弱多病，寄情寫作。後來在東京帝國大學國史學科
畢業，專攻日本史學及日本思想史。

1944 年起，家永三郎在東京高等師範學校任教。
1948 年起，他以《古代倭繪年表》和《古代倭繪全史》
二書獲得日本學士院恩賜獎，還曾給皇太子（其後的
日皇明仁）講授日本史。東京高等師範學校升格為東
京教育大學（現筑波大學）後，他續在該校任教二十
餘年，至 1977 年退休，獲名譽教授稱號。此後在中
央大學執教，至 1984 年。

　　家永三郎著作甚豐，從出版次序可見其研究
脈絡，主要有：《中世佛教思想史研究》（1947）、
《日本史的諸相》（1950）、《日本近代思想史研究》
（1953）、《現代史學批判》（1953）、《日本道德思想
史》（1954）、《日本近代史學》（1957）、《日本文化史》
（1959）、《歷史與現代》（1959）、《大學自由之歷史》
（1962）、《美濃部達吉之思想史的研究》（1964）、《歷
史學家所見之日本文化》（1965）、《日本近代憲法思
想史研究》（1967）、《太平洋戰爭》（1968）、《津田
左右吉之思想史的研究》（1972）、《田邊元的思想史
研究》（1974）、《日本文化史十二講》（1988）等等，
編為《家永三郎集》十六卷。

　　家永三郎的自傳《一個歷史學家的足跡》（1967
年）有中譯本，石曉軍、劉燕、田原譯，題為《家永
三郎自傳：日本歷史學者的思想軌跡》（香港：商務印

書館，2000 年；北京：新星出版社，2005 年）。

2.《新日本史》的檢定和訴訟

日本在 1947 年實施教科書審查制度，家永三郎編著的《新日本史》，在送檢時幾番給文部省評為不合格，指他把日本歷史寫得太過黑暗，沒有敍述第二次世界大戰期間男女學生「全心全意協助戰爭」之類的光明一面，要求他改寫三百多處，包括日本有理由發動「聖戰」、肯定天皇的無上權威等等。

家永三郎於 1965 年入稟法院，控告文部省的教科書檢定違反憲法，掀起「教科書裁判事件」，引起國內外關注。1974 年，東京地方法院裁定審查制度是符合憲法的，但一些強逼性的修改則沒有根據，下令政府賠償十萬日元給家永三郎。這筆象徵式的賠償，大約只是家永三郎所要求的二十分之一。

於是家永三郎向高等法院上訴，經過十一年間多達七十一次的聆訊後，家永三郎敗訴，但他聲言要告到最高法院。七十二歲時，在持續了二十一年的歷史教科書訴訟之中，又落敗了一個回合，但他強調說：「我是抱有長遠看法的歷史學家，今天的裁決，並不會使我們的努力失去意義。」當時他已退休，是東京教育大學名譽教授。1974 年，家永三郎把送檢的教科書

交三一書房影印出版，題為《檢定不合格日本史》。
結果，在長達三十二年的訴訟中，他取得了「部分
勝訴」。

【人物群像】

■實藤惠秀：研究中國留日學生史

實藤惠秀（1895-1985），著名漢學家、中日文化關
係研究者、文學博士。生於廣島縣。1926 年畢業於早稻
田大學文學部，1930 年畢業於東京外國語專門學校中國
語科，1935 年任早稻田第二高等學校教授，著有《中國
人日本留學生史稿》、《日本文化對中國的影響》、《近
代支那思想》、《明治日支文化交涉》、《〈日本雜事詩〉
研究》。

1949 年起，實藤惠秀任早稻田大學教授，1960 年以
《中國人留學日本史》取得文學博士學位。1968 年退職
後，轉任聖德學園短期大學教授。此後著作，還有《近
代日中交涉史話》、《日中非友好之歷史》等，後者記錄
近百年來日本侵華和中日兩國之間「非友好」的歷史。
《中國人留學日本史》有譚汝謙、林啟彥的中譯本，先後
在香港、北京出版。

■羽仁五郎：從世界史角度研究明治維新

羽仁五郎（1901-1983），歷史學家。群馬縣人。

1921 年入東京帝國大學法學部，但三個月後退學，到德國海得堡大學；1924 年入東大國史學科，至 1927 年畢業。次年，創辦《在新興科學旗幟下》雜誌；1929 年出版論文集《轉變期的歷史學》，完成從資產階級史學向唯物史觀的轉變。

其後，作為講座派主要成員，羽仁五郎致力於建設馬克思主義史學理論體系，及從世界史角度研究明治維新。1933 年和 1945 年，他兩次遭特高警察逮捕，而仍堅持著述，從思想上抵抗法西斯。戰後，由 1947 至 1957 年，羽仁五郎當選為參議院無黨派議員，擔任學術會議會員、學問自由保障委員會委員長。其後致力設立國立國會圖書館。著有《羽仁五郎歷史論著作集》四卷。

■仁井田陞：東京大學中國法制史學家

仁井田陞（1904-1966），法學家、法學博士。宮城縣人。1928 年東京帝國大學法學部畢業，後任東方文化學院助教、教授。1934 年著《唐令拾遺》，獲帝國學士院恩賜獎，戰時曾數次到中國實地調查。1942 年任東京帝國大學東洋文化研究所研究員、教授，至 1954 年任所長，1964 年退休，後為名譽教授。翌年獲朝日文化獎。

仁井田陞從世界史和社會發展角度研究中國法制史，對戰後日本東方學影響甚大。著有《中國的農村家族》、《中國社會的法與倫理》等，1959 至 1964 年，東京大學東洋文化研究所出版了他的《中國法制史研究》，包括〈刑法〉、〈土地法、取引法（即貿易法）〉、〈奴隸農奴法、家族村落法〉、〈法與慣習、法與道德〉四部。

■旗田巍：朝鮮史研究權威

旗田巍（1908-1994），東洋史學者。1931 年東京帝國大學史學科畢業，留校任助教，在池內宏指導下，從《李朝實錄》中輯錄中國東北史料。1939 年任東方文化學院研究員，次年參加滿鐵調查局北京辦事處在華北農村進行民眾學調查。

戰後旗田巍於 1948 年返回日本，任立命館大學東洋史講師，1950 年起任東京都立大學教授，1972 年退職後轉任私立專修大學教授。除中國古代民族史、風俗史外，以研究朝鮮史著稱，有《朝鮮史》、《朝鮮與日本》、《朝鮮中世社會史之研究》、《古代日本與朝鮮》等著作。

5.5 丸山真男：戰後日本思想的領導者

1. 丸山學派的形成及其影響

丸山真男（1914-1996），政治學者、著名政治記者。生於大阪，東京帝國大學法學部畢業。1950 年任東大教授，培養了一批研究者，形成丸山學派。他的《日本政治思想史研究》、《現代政治的思想和行動》、《日本的思想》等，以銳利的分析和嶄新的觀點，在政治學、政治思想史、歷史學等領域，以至一般知識

界，都產生了很大的影響。

1950 年前後，作為自由主義、民主主義派學者，丸山真男參加和平問題談話會，從這時開始，直至 1960 年的安保鬥爭，他都十分活躍，其言論對現實的運動發揮了一定效力，成為思想界的領導人之一。但也出現了反撥，受到很多批評。東大鬥爭以後，他不再對現實問題發表意見，重新回歸日本思想史研究的工作上。

2. 東亞政治思想史研究

1940 年，丸山真男任東京帝國大學助教，在津田左右吉的指導下，從事東洋史研究。1942 至 1944 年，他參加日本評論社《東洋思想叢書》的編寫，主編第二十四種《孟子》。1946 年參加創辦思想科學研究會，同年發表《超國家主義的理論與心理》，形成丸山政治的核心。

丸山真男的《日本政治思想史研究》，對朱子學的體系和儒學的發展，作了理論的解釋，此書獲每日出版文化獎。另一著作《日本的思想》，則論述了中國思想對日本的影響。他的日本政治思想史研究，以荻生徂徠、福澤諭吉的學問和思想為中心。

1961 至 1963 年，丸山真男赴美國，在哈佛大

學等講學。1971 年從東京大學退職，獲名譽教授稱號。1973 年，獲哈佛大學名譽法學博士、普林斯頓大學名譽文學博士銜。日本學院會員、日本思想科學研究會會員，獲大佛次郎獎、朝日獎。著作還有《戰時與戰後》等，匯為《丸山真男集》十六卷及別卷。

【人物群像】

■阿部次郎：創辦日本文化研究所

阿部次郎（1883-1959），哲學家、文藝批評家、美學家。生於山形縣。1907 年畢業於東京帝國大學哲學科，在校時，曾任《帝國文學》雜誌編輯，受夏目漱石影響。1910 年發表文章，反對自然主義創作方法。其後鼓吹人格主義和生命哲學。1922 年，作為文部省駐外人員到歐洲。回國後，任東北帝國大學美學教授，研究日本古典文學和西方美學。

1945 年退職後，阿部次郎自費創辦日本文化研究所。著作除論文集《德川時代的藝術與社會》、《世界文化與日本文化》外，有隨筆集《秋窗集》等，編為《阿部次郎全集》十七卷。

■田邊元：成為一種意識形態的「田邊哲學」

田邊元（1885-1963），哲學家。東京人，畢業於東京帝國大學，曾任東北帝國大學講師。1920 年任京都帝國大學副教授，1926 年升教授。著《最近的自然科學》、《科學概論》和《數理哲學研究》，從康德主義立場開闢了科學哲學的領域；另有《康德的目的論》，提高了日本學術界研究康德的水平。

田邊元批判黑格爾的唯心辯證法和馬克思主義的唯物辯證法，提倡揚棄兩者的絕對辯證或即物辯證法。除上述著作外，他還寫有《黑格爾哲學與辯證法》和《哲學通論》。1934 年後發表《社會存在的邏輯》，形成田邊哲學。作為一種意識形態，起到美化日本民族和天皇制國家的作用。戰後著有《作為懺悔道的哲學》、《實存、愛與實踐》、《哲學入門》及其補說三種等。

■安倍能成：戰後初期的文部大臣

安倍能成（1883-1966），哲學家、教育家、評論家。生於愛媛縣。1909 年東京帝國大學哲學科畢業，在校時與夏目漱石往還甚密，曾於《東京朝日新聞》發表批評自然主義的文章，而對康德哲學感到興趣。後任日蓮宗大學、慶應義塾大學講師，1920 年任法政大學教授。次年參加岩波書店《哲學叢書》的編輯工作，1924 年留學歐洲，1926 年回國後，任京都帝國大學教授。

戰後，安倍能成於 1946 年任文部大臣，後任帝室博物館館長，學習院、女子學習院院長。此外，曾任中日文化協會會長。著有《西方古代中世哲學史》、《西方近世哲學史》和《孟子·荀子》等，以及文學價值較高的

哲學隨筆《思想與文化》、《山中雜記》、《青丘雜記》、《藝術之國和自然之國》、《戰中戰後》等。1959年發表《戰後自殺傳》。他還翻譯了尼采等人的著作。

■和辻哲郎：著名倫理學家

和辻哲郎（1889-1960），文化史學者、文學博士。兵庫縣人。畢業於東京帝國大學，1920年任東洋大學教授，1922年任法政大學教授。1927至1928年留學德國，1931年任京都帝國大學教授，1934年任東京帝國大學教授，至1949年退休。1955年獲文化勳章。

和辻哲郎初時在《尼采研究》、《索連・克爾凱郭爾》等著作中介紹實在主義哲學，在《偶像再興》、《古寺巡禮》、《日本精神史研究》等著作中讚美日本精神和風土。1934年發表《人的學問——倫理學》，1937至1949年完成《倫理學》三卷，總括了他的思想體系。其後著《鎖國》、《日本倫理思想史》兩卷。和辻哲郎致力於哲學、宗教、歷史、美術多方面的研究，而以倫理學和富有獨創性的日本文化史著稱於學界。

5.6 湯川秀樹：著名理論物理學家

1. 獲諾貝爾物理學獎

湯川秀樹（1907-1981），物理學家。生於東京。他是地理學家小川琢治的第三子，結婚後為醫學家湯川玄洋的養子。幼時隨父親到京都，1929 年畢業於京都帝國大學帝國理學部物理學科。早在 1934 年，他已預言原子核內部存在中子。1939 年任京都帝國大學教授，次年獲學士院恩賜獎。1942 年兼任東京帝國大學教授，次年獲文化勳章。

戰後，湯川秀樹於 1948 年任美國普林斯頓高級學術研究所教授，同年獲諾貝爾獎（物理學），是日本人獲此獎的第一人。1950 年任哥倫比亞大學客座教授。1953 年回國後，任京都大學基礎物理學研究所所長。1955 年成為世界和平七人委員會委員，1961 年被推舉為世界聯邦協會會長。著有《現代科學和人間》、《素粒子論考說》、《量子力學序說》等。

2. 昭和時代的物理學成就

物理學是日本有較大成就的一個科學領域。著名原子物理學家仁科芳雄，1928 年在 X 射線的散射研

究方面獲得突出成果，提出克萊因－仁科公式。1949
年，湯川秀樹因其介子論成就獲得諾貝爾物理學獎。
坂田昌一在基本粒子結構方面，於 1955 年提出坂田
模型和名古屋模型。

朝永振一郎於 1947 年發表重整化理論，發展了
量子力學；他因這項成就，於 1965 年獲得諾貝爾物
理學獎。江崎玲於奈發現半導體的隧道效應（亦稱江
崎二極管）。1973 年，他和英國科學家分享諾貝爾物
理學獎。

此外，西澤潤一、佐藤文隆、小田稔、岩崎俊
一、柘植俊一、佐藤勝彥、小林誠等，都有各自的
成就。

【人物群像】

■櫻井錠二：研究溶液沸點上升法

櫻井錠二（1858-1939），化學家。生於金澤。他
十三歲時，入大學南校（東京大學前身）學習化學，中
途留學英國。回國後，1882 至 1918 年任東京帝國大學
教授，從事溶液沸點上升法的研究，並提出以他與學生

池田菊苗命名的櫻井—池田沸點測定法。

櫻井錠二參與創建半官半民的理化學研究所，曾任該所副所長。1926年任帝國學士院院長，後兼學術研究會議主席、日本學術振興會理事長等職，並且在國際文化交流方面作出貢獻。獲頒勳一等旭日桐花大綬章。

■**長岡半太郎：提出獨創的核結構理論**

長岡半太郎（1865-1950），物理學家。長崎縣出生。東京帝國大學理學部物理學科畢業後，1890年在母校任副教授，1893年留學德國，回國後升教授。早在1903年，他就提出有機原子模型的理論。1922年，兼任理化學研究所的研究工作。1924年，又從光譜學出發，提出獨創的核結構理論。

1931年，長岡半太郎任大阪帝國大學首任校長。1937年獲首次文化勳章，1939年任學士院院長。戰時曾協助仁科芳雄研究各種武器。他的研究範圍包括磁性物理學、光譜學、數學物理學、地球物理學等，晚年致力研究地球物理學。

■**中谷宇吉郎：領導開拓冰雪學**

中谷宇吉郎（1900-1962），物理學家、隨筆家。生於石川縣。東京帝國大學物理學科畢業，留學美國，從事軟X射線研究。1930年後，任北海道帝國大學教授、低溫科學研究所所長，領導開拓冰雪學。1941年獲學士院獎。戰後任美國普林頓大學高級科學研究所教授。

中谷宇吉郎撰有《製作雪的故事》和《追憶寺田寅彥先生》，他撰寫的科學隨筆，既具科學價值，亦富有

詩意，包括《冬天的華美》三集。此外，還有《雪》、《雷》和《雷的故事》，是科學普及讀物。

■朝永振一郎：理論物理學權威

朝永振一郎（1906-1979），著名物理學家。生於東京。1929年畢業於京都帝國大學理學部物理學科，與湯川秀樹同期。其後參加理化學研究所仁科芳雄研究室工作，曾留學德國。

1941年後，朝永振一郎在東京文理科大學任教，及任東京教育大學教授，1956至1962年任該校校長。1952年獲文化勳章。1963至1969年，兩次出任日本學術會議會長。1965年繼湯川秀樹之後，成為第二個獲諾貝爾物理學獎的日本人。他是日本理論物理學的最高權威之一。

1943年，朝永振一郎提出超多時間理論。1948年，所著《磁控管發振機構與立體回路論研究》獲學士院獎。1951年，他擔任日本學術會議原子核聯絡委員會委員長，設立乘鞍宇宙觀測所，並恢復戰後一度破壞的加速器，1952年在東京大學設立原子核研究所。著有《量子力學》。

■坂田昌一：提出基本粒子模型

坂田昌一（1911-1970），著名物理學家。生於東京。1933年京都帝國大學物理學科畢業後，入理化學研究所仁科研究室從事原子物理學研究。1934年調到大阪帝國大學，1939年又調回京大，參加湯川秀樹主持的研究工作。1941年，他以介子論研究獲博士學位；次年任名古屋帝國大學教授，同年首先提出兩種介子理論。

1949年後，坂田昌一曾八次當選日本學術會議會

員，並任民主科學者協會副會長，原子能問題委員會、原子能特別委員會委員長。1964 年後，積極參加世界和平運動，率領日本科學代表團出席北京科學討論會。

坂田昌一於 1955 年提出基本粒子模型，稱為坂田模型；在其理論的基礎上，發展形成世界通用的基本粒子分類法。他的主要著作，有《新基本粒子觀對話》、《原子物理學的發展及其方法》和《我所遵循的經典──恩格斯的自然辯證法》。《物理學和方法》、《科學家和社會》兩部論文集，闡述了他對自然科學內關於唯物辯證法思想的觀點。

5.7 內藤多仲：東京鐵塔設計者

1. 有「耐震構造之父」的稱號

內藤多仲 (1886-1970)，著名建築家、工程師。山梨縣人。1916 年東京帝國大學畢業。初時專攻造船學，後改為建築學，師事建築權威佐野利器。1913 年任早稻田大學教授，1917 至 1918 年留學美國。回國後致力於研究耐震構造理論，1924 年以《架構建築耐震構造論》獲工學博士。

內藤多仲以此理論應用於設計建築物，1923 年日

本興業銀行本店竣工，三個月後發生關東大地震，美國流鐵骨建造的建築物損毀嚴重，日本興業銀行本店完好無事。興建中的歌舞伎座，只內部燒失，建築本體無損，內藤多仲因而獲得「耐震構造之父」的稱號。1938 年任溶接學會會長，1941 年任日本建築學會會長。1943 年起，任早稻田大學工學部部長。

2. 設計「鐵塔六兄弟」

戰後日本的鐵骨造電波塔、電視塔，很多都由內藤多仲設計，因此，他又被稱為塔博士。以下是他在 1950 至 1960 年代的作品：

（一）名古屋電視塔——建於 1954 年，是日本最早完工的一座集約電波塔。

（二）通天閣（第二代）——1956 年完成，是大正末年在關東大地震時倒塌的通天閣第二代。

（三）別府塔——舊稱觀光中心電視塔，是別府的觀光地標，1957 年落成。

（四）札幌電視塔——又名札幌鐵塔，1957 年啟用。

（五）東京鐵塔——以巴黎艾菲爾鐵塔為藍本建造，1958 年完成，比前者為高，是東京著名地標和觀光景點。

（六）博多港塔——1964 年竣工，通體雪白，外圍是紅色的金屬架，是博多港的象徵。

六座鐵塔合稱「鐵塔六兄弟」。內藤多仲於 1960 年成為日本學士院會員，1962 年獲文化功勞者榮銜，1964 年獲頒勳二等旭日重光章。

【人物群像】

■御木本幸吉：發明人工珍珠養殖法

御木本幸吉（1858-1954），養殖專家。三重縣人。他受到中國人工養殖珍珠技術的啟發，在神明灣試養珍珠貝，1893 年養殖半圓珍珠成功；1905 年人工養殖圓珍珠成功，並且獲得專利。

御木本幸吉發明的人工珍珠養殖法，是將珍珠核用鹽水處理過後，植於珍珠貝的外套膜和貝殼之間，然後將珍珠貝放流。後來，御木本幸吉還發明了珍珠貝養殖籠等有關方法，獲得多項專利。九十六歲去世後，獲授予正四位勳一等瑞寶章。

■茅誠司：研究強磁性結晶體

茅誠司（1898-1988），物理學家。神奈川縣人。1923 年畢業於東北帝國大學物理學科，曾在該校附屬金屬材料研究所從事磁氣（即磁性、磁力）研究。1928 年

留學德、意和美國，次年以研究強磁性結晶體獲理學博士學位。1942 年獲學士院獎，次年任東京帝國大學教授兼東京工業大學教授。

戰後，茅誠司任東京大學理學院院長、日本學術會議會長；1957 年被選為東京大學校長，至 1963 年改任名譽教授。1967 年任日本學術振興會會長，此外，還擔任日中科學技術交流協會常任理事、日中人文社會科學交流協會顧問，曾多次訪問中國。著有《強磁性合金之規格子生成與磁氣的性質》等。

■東畑精一：農業經濟學家

東畑精一（1899-1983），農政家。三重縣人。1922年畢業於東京帝國大學農學系，曾在該校任副教授；1928 至 1930 年至美國、德國留學後，1933 年返母校任農學部教授。1937 年獲農學博事學位。1939 年任經濟系教授至 1945 年，期間於 1942 年兼任東條內閣物價對策審議會委員。

戰後，東畑精一任片山內閣經濟安定本部顧問，後任農業復興會議議長、經濟復興計劃審議會委員等職，1957 年兼任農林省農業綜合研究所所長。1959 年任東京大學名譽教授，1964 年任學士院會員。1975 年獲勳一等旭日大綬章，1980 年獲文化功勞者榮銜。著有《日本農業的課題》、《日本農業的情況》、《日本農業的發展過程》等。

5.8 嘉納治五郎：致力發展柔道的教育家

1. 創立講道館奠定柔道基礎

嘉納治五郎（1860-1938），教育家、柔道家。兵庫縣人。1881 年畢業於東京大學，次年創立講道館，致力於柔道的普及和發展，奠定了柔道在日本及國外的基礎。

嘉納治五郎歷任學習院教授、第一高等學校校長、東京高等師範學校校長，在高師任職期間，接納中國留學生，並將留學生所辦的私塾改為亦樂書院。

1902 年嘉納治五郎創辦弘文學院，廣收留學生。1909 年，他當選為國際奧林匹克委員會委員；次年率金栗四三、三島彌彥兩選手代表日本，首次參加奧運會。1921 年被敕選為貴族院議員。

2. 為中國留學生創立弘文學院

弘文學院亦作宏文學院，是明治末年專為中國留學生開辦的學校，1902 年設於東京牛込西五軒町，校長是嘉納治五郎。次年增建大塚校舍，1904 年增設町校舍、下真島校舍、猿樂町校舍、巢鴨校舍。

校長嘉納治五郎亦是日本高等師範學校校長，

1896 年接待中國第一批赴日的十三名留學生，但學生沒有日語基礎，不能直接進入高等師範學校，於是在神田三崎町設立私塾，派教員去講授日語和普通學科。1899 年將私塾命名為亦樂書院，1902 年改為弘文學院；同年嘉內治五郎到中國考察，與清朝達官要人就教育問題交換意見，其後接收大批中國學生。學制三年，講授日語及中等程度的變通學科，第三年分為文科、理科，此外還有速成師範科、速成音樂科、速成警務科、速成理化科等。學生基本上按籍貫編班，有南京普通班、湖北普通班、四川速成師範科班、北京警務科班等。1909 年該校關閉時，獲准入學者有七千一百多人、畢業生三千八百多人，黃興、魯迅、陳獨秀等都是該校畢業生。

【人物群像】

■矢內原忠雄：在東大任教的經歷

矢內原忠雄（1893-1961），經濟學家、經濟學博士。愛媛縣人。1917 年畢業於東京帝國大學政治學科，1921 年留學歐美；1923 年任東大教授，主講殖民政策。著有

《帝國主義下的台灣》等，批判日本帝國主義殖民政策。1937年在《中央公論》上發表〈國家的理想〉一文，反對軍部的戰爭政策，因而被逼辭職。

戰後，矢內原忠雄重返東京大學，主講國際經濟論。1946年，任東大社會科學研究所第一任所長；1951至1957年，任東大校長。著作編為《矢內原忠雄全集》二十九卷。

■東龍太郎：日本紅十字會會長

東龍太郎（1893-1983），醫學家、體育學者。大阪府人。1917年畢業於東京帝國大學醫學院，留學英國倫敦大學，研究物理、化學和生理學，1926年獲理學博士學位。後又留學英國、法國、美國，研究藥理學。1934年任東京帝國大學教授，1937年兼任東京高等體育學校校長。1942年任海軍司政長官。

戰後東龍太郎於1946年任厚生省醫務局長，翌年以後任體育協會會長。曾當選為國際奧林匹克委員會主席。1953年任茨城大學校長，次年任世界衛生組織常任理事。1959年在自民黨支持下，當選為東京都知事。此外，他曾任日本體育協會會長、日中文化交流協會顧問、日本紅十字會會長和名譽會長，1975年率領代表團訪問中國。著有《同體育運動共呼吸》。

■蠟山政道：御茶之水女子大學校長

蠟山政道（1895-1980），政治學者、行政學家。生於新潟縣，在群馬縣高崎市成長。1917年入東京帝國大學法學部政治學科，受吉野作造影響，參加新人會，畢

業後在母校任助教、副教授，1928年升教授。1939年因河合榮治郎筆禍事件，他抗議校方處置，辭職後主持東京政治經濟研究所。1942年當選眾議院議員，戰後辭職。

1946年，蠟山政道成立政治教育協會；1951年，組織民主社會主義聯盟。1954至1959年，任御茶之水女子大學校長。1960年組成民主社會主義研究會議，1968年任民主協會會長。著有《蠟山政道著作集》六卷。

■中山伊知郎：著名的勞資關係斡旋人

中山伊知郎（1898-1980），經濟學家。三重縣人。東京商科大學畢業，赴德國波恩大學留學，1929年回國後返母校任副教授，1937年升教授，講授經濟學理論和近代經濟學，1939年獲經濟學博士學位。

戰後，中山伊知郎於1949年任東京商科大學(現為一橋大學)校長及經濟研究所所長。其後創立理論經濟學會和計量經濟學會，1968年合併為理論、計量經濟學會，任會長。同年獲「文化功勞者」稱號。

中山伊知郎曾任首相吉田茂的智囊，1946年任中央勞動委員會委員，1950至1960年任會長，從事調解勞資爭議長達十五年。1953年任國際勞工組織協會會長，兩次代表日本政府出席國際勞工組織大會。1960年代後期，擔任首相諮詢機構物價安定推進會議、物價安定政策會議主持人。1971年任聯合國教科文組織亞洲文化中心理事。1974年獲頒旭日大綬章。1977年擔任日本計劃行政學會初代會長。他的專著和論文很多，有《中山伊知郎全集》十八卷和別卷一冊。

結語：
昭和日本的曲折歷程和路向

　　日本的昭和時代是在經濟危機與戰爭陰影下展開的，大正時代的理念和夢想迅即遠去，國家陷入向外擴張和侵略戰爭的深淵，1945 年 8 月日本戰敗投降，同時宣告中日戰爭、太平洋戰爭、第二次世界大戰的結束。原子彈轟炸，在人類歷史上是極度震撼的；以美國為主導的盟軍佔領，在日本國土上是前所未有的經歷。

　　作為日本第一百二十四代天皇，昭和天皇在《大日本帝國憲法》所賦予的崇高地位及絕對權力下，把近代天皇制發揮到顛峰，統帥陸海軍進行宣戰、講和及締結各種條約。戰後頒佈的《日本國憲法》，天皇成為日本國的象徵，是日本國民整體的象徵，在現代天皇制下具有象徵意義，於一定程度上穩定了日本政治和社會，天皇的戰爭責任，一度是戰後日本史學界的重大議題。這在戰後初期尤為重要。

　　昭和天皇經歷了身份上的巨大轉變，履行現代憲

法所規定的新角色。在個人興趣和專長方面，他是一個熱心的海洋生物學家。如何對昭和天皇作出歷史性的評價，時至今日仍有繼續探討的空間。

戰爭深刻地影響了幾代日本人，戰爭帶來的苦難，日本人是切身體會並有反省的；而對於發動戰爭的責任承擔，及如何客觀地評述這段歷史，則仍是歷史遺留下來的問題。戰後日本經濟一度高速成長和發展，淡化了人們的歷史記憶，《日本國憲法》強調放棄戰爭的和平之義，在不同時期受到來自不同立場的衝擊。

現代日本文化與社會發展，有兩傾向：其一是知識專業化與大眾化並重及分途發展，但兩極化的傾向導致專門知識越來越跟大眾脫節；其二是向來重視文字閱讀的通俗文化，越來越呈現出圖像化、無字化的潮流，致使部分國民對重大問題缺乏關心和客觀認識。

日本是亞洲國家的一員，文化上與東亞地區血脈相連，政策上則往往追隨西方國家，造成現實與心態上的不協調，這與日本社會向來重視的「多元協調性」，是不協調甚至有矛盾的。昭和時代結束之際，日本政界高唱國際化，日本經濟進入低迷期，正是這個矛盾的一種表現。何去何從，隨後的平成時代，以及現在的令和時代，是日本尋找出路的摸索階段。

附錄一　內閣一覽（1926-1989）

屆數	內閣	總理	出身／所屬黨派	任期
25	若槻內閣（第一次）	若槻禮次郎	憲政會	1926.1.30-1927.4.7
26	田中內閣	田中義一	立憲政友會、陸軍	1927.4.20-1929.7.2
27	濱口內閣	濱口雄幸 幣原喜重郎（臨代）	立憲民政黨	1929.7.2-1931.4.13
28	若槻內閣（第二次）	若槻禮次郎	憲政會	1931.4.14-1931.12.11
29	犬養內閣	犬養毅 高橋是清（臨兼）	立憲政友會	1931.12.13-1932.5.16
30	齋藤內閣	齋藤實	海軍	1932.5.26-1934.7.3
31	岡田內閣	岡田啟介 後藤文夫（臨代）	海軍	1937.7.8-1936.2.26
32	廣田內閣	廣田弘毅	官僚	1936.3.9-1937.1.23
33	林內閣	林銑十郎	陸軍	1937.2.2-1937.5.31

34	近衛內閣（第一次）	近衛文麿	貴族	1937.6.4-1939.1.4
35	平沼內閣	平沼騏一郎	官僚	1939.1.5-1939.8.28
36	阿部內閣	阿部信行	陸軍	1939.8.30-1940.1.14
37	米內內閣	米內光政	海軍	1940.1.16-1940.7.16
38	近衛內閣（第二次）	近衛文麿	貴族	1940.7.22-1941.7.16
39	近衛內閣（第三次）	近衛文麿	貴族	1941.7.18-1941.10.16
40	東條內閣	東條英機	陸軍	1941.10.18-1944.7.18
41	小磯內閣	小磯國昭	陸軍	1944.7.22-1944.4.5
42	鈴木內閣	鈴木貫太郎	海軍	1945.4.7-1945.8.15
43	東久邇內閣	東久邇稔彥	皇族、陸軍	1945.8.17-1945.10.9
44	幣原內閣	幣原喜重郎	官僚、同和會	1945.10.9-1946.5.22
45	吉田內閣（第一次）	吉田茂	自由黨	1946.5.22-1947.5.24
46	片山內閣	片山哲	日本社會黨	1947.5.24-1948.3.10

47	芦田内閣	芦田均	民主黨	1948.3.10-1948.10.15
48	吉田内閣（第二次）	吉田茂	自由黨	1948.10.15-1949.2.16
49	吉田内閣（第三次）	吉田茂	自由黨	1949.2.16-1952.10.30
50	吉田内閣（第四次）	吉田茂	自由黨	1952.10.30-1953.5.21
51	吉田内閣（第五次）	吉田茂	自由黨	1953.5.21-1954.12.10
52	鳩山内閣（第一次）	鳩山一郎	日本民主黨	1954.12.10-1955.3.19
53	鳩山内閣（第二次）	鳩山一郎	民主黨	1955.3.19-1955.11.20
54	鳩山内閣（第三次）	鳩山一郎	自由民主黨	1955.11.22-1956.12.20
55	石橋内閣	石橋湛山	自由民主黨	1956.12.23-1957.2.25
56	岸内閣（第一次）	岸信介	自由民主黨	1957.2.25-1958.6.12
57	岸内閣（第二次）	岸信介	自由民主黨	1958.6.12-1960.7.15
58	池田内閣（第一次）	池田勇人	自由民主黨	1960.7.19-1960.12.8
59	池田内閣（第二次）	池田勇人	自由民主黨	1960.12.8-1963.12.9

60	池田內閣（第三次）	池田勇人	自由民主黨	1963.12.9-1964.11.9
61	佐藤內閣（第一次）	佐藤榮作	自由民主黨	1964.11.9-1967.2.17
62	佐藤內閣（第二次）	佐藤榮作	自由民主黨	1967.2.17-1970.1.14
63	佐藤內閣（第三次）	佐藤榮作	自由民主黨	1970.1.14-1972.7.6
64	田中內閣（第一次）	田中角榮	自由民主黨	1972.7.6-1972.12.22
65	田中內閣（第二次）	田中角榮	自由民主黨	1972.12.22-1974.12.9
66	三木內閣	三木武夫	自由民主黨	1974.12.9-1976.12.24
67	福田內閣	福田赳夫	自由民主黨	1976.12.24-1978.12.7
68	大平內閣（第一次）	大平正芳	自由民主黨	1978.12.7-1979-11.9
69	大平內閣（第二次）	大平正芳	自由民主黨	1979.11.9-1980.6.12
70	鈴木內閣	鈴木善幸	自由民主黨	1980.7.17-1982.1127
71	中曾根內閣（第一次）	中曾根康弘	自由民主黨	1982.11.27-1983.12.27
72	中曾根內閣（第二次）	中曾根康弘	自由民主黨	1983.12.27-1986.8.15

73	中曽根内閣（第三次）	中曽根康弘	自由民主黨	1986.8.15-1987.11.6
74	竹下内閣	竹下登	自由民主黨	1987.11.6-1989.6.3

附錄二　大事年表（1926-1989）

■ 1926 年（昭和元年）

- 攝政裕仁親王踐祚，年號昭和。

■ 1927 年（昭和二年）

- 金融恐慌
- 出兵山東
- 召開東方會議

■ 1928 年（昭和三年）

- 第一次普選
- 三一五事件
- 濟南慘案

■ 1930 年（昭和五年）

- 經濟蕭條

■ 1931 年（昭和六年）

- 九一八事變

■ 1932 年（昭和七年）

- 成立「滿洲國」

- 日軍進攻上海（一二八事變）

- 五一五事件（暗殺首相犬養毅）

- 日共制訂《1932 年綱領》

■ 1933 年（昭和八年）

- 日本退出國際聯盟

■ 1936 年（昭和十一年）

- 退出倫敦裁軍會議

- 二二六事件（法西斯分子兵變）

- 簽訂《日德防共協定》

■ 1937 年（昭和十二年）

- 蘆溝橋事變，全面侵華戰爭爆發。

- 八一三事變

- 日軍佔領南京，進行南京大屠殺。

■ 1938 年（昭和十三年）

- 制訂《國家總動員法》

- 近衛發表「建設東亞新秩序」聲明

■ 1939 年（昭和十四年）

- 製造哈拉哈地區武裝衝突，折兵兩萬人（諾門坎事件）。

■ 1940 年（昭和十五年）

- 日、德、意簽訂《三國同盟條約》。
- 大政翼贊會成立，解散一切政黨。

■ 1941 年（昭和十六年）

- 簽訂《日蘇中立條約》
- 日軍偷襲珍珠港，太平洋戰爭爆發。

■ 1942 年（昭和十七年）

- 中途島戰役，日本慘敗。

■ 1944 年（昭和十九年）

- 日軍在塞班島、關島戰役全軍覆沒。
- 美軍開始空襲日本本土

■ 1945 年（昭和二十年）

- 美軍登陸沖繩
- 美國在廣島、長崎投擲原子彈。

- 日本接受《波茨坦宣言》，宣佈無條件投降。
- 美軍佔領日本，盟軍總司令麥克阿瑟到日本厚木機場
- 下達五項改革指令
- 頒佈《解散財閥令》
- 給婦女以參政權
- 制定第一次農地改革案

■ 1946 年（昭和二十一年）
- 昭和天皇發表《人間宣言》（天皇非神宣言）
- 解除軍國主義者公權
- 遠東國際軍事法庭審判日本戰犯
- 頒佈《日本國憲法》

■ 1973 年（昭和四十八年）
- 水俁病審判結束，被害者勝訴。
- 石油危機，物價混亂。
- 金大中事件

■ 1974 年（昭和四十九年）
- 首相田中角榮出訪東南亞五國
- 美國總統福特訪日

■ 1975 年（昭和五十年）

• 天皇、皇后訪美。

■ 1976 年（昭和五十一年）

• 田中角榮因受美國洛克希德公司賄賂而被捕

■ 1978 年（昭和五十三年）

•《中日和平友好條約》在北京簽訂

■ 1979 年（昭和五十四年）

• 第五次發達國家首腦會議在東京召開

■ 1982 年（昭和五十七年）

• 東北新幹線和上越新幹線通車
• 教科書問題

■ 1983 年（昭和五十八年）

• 提出行政改革最終答辯
• 與歐洲共同體達成貿易協定

■ 1984 年（昭和五十九年）

• 日、美、加、澳、新五國海上部隊舉行環太平

洋聯合軍事演習。

- 召開禁止原子彈、氫彈世界大會。

■ 1985 年（昭和六十年）

- 在廣島召開禁止原子彈、氫彈世界和平大會。
- 首相中曾根康弘以公職身份參拜靖國神社

■ 1986 年（昭和六十一年）

- 內閣通信外交白皮書，強調推行國際化，向世界開放。
- 防衛廳撤銷防衛費佔國民生產總值 1% 的限定

■ 1987 年（昭和六十二年）

- 日美兩國高級事務會談在東京舉行

■ 1988 年（昭和六十三年）

- 首相竹下登訪問美國、歐洲、中國。

■ 1989 年（昭和六十四年）

- 昭和天皇去世。

附錄三　年號對照（1868-2022）

1868	明治元年（10 月 23 日起）
1869	明治二年
1870	明治三年
1871	明治四年
1872	明治五年
1873	明治六年
1874	明治七年
1875	明治八年
1876	明治九年
1877	明治十年
1878	明治十一年
1879	明治十二年
1880	明治十三年
1881	明治十四年
1882	明治十五年
1883	明治十六年
1884	明治十七年

1885	明治十八年
1886	明治十九年
1887	明治二十年
1888	明治二十一年
1889	明治二十二年
1890	明治二十三年
1891	明治二十四年
1892	明治二十五年
1893	明治二十六年
1894	明治二十七年
1895	明治二十八年
1896	明治二十九年
1897	明治三十年
1898	明治三十一年
1899	明治三十二年
1900	明治三十三年
1901	明治三十四年
1902	明治三十五年
1903	明治三十六年
1904	明治三十七年
1905	明治三十八年

1906	明治三十九年
1907	明治四十年
1908	明治四十一年
1909	明治四十二年
1910	明治四十三年
1911	明治四十四年
1912	明治四十五年（至 7 月 30 日） 大正元年（7 月 30 日起）
1913	大正二年
1914	大正三年
1915	大正四年
1916	大正五年
1917	大正六年
1918	大正七年
1919	大正八年
1920	大正九年
1921	大正十年
1922	大正十一年
1923	大正十二年
1924	大正十三年
1925	大正十四年
1926	大正十五年

1926	大正十五年（至12月25日） 昭和元年（12月25日）起
1927	昭和二年
1928	昭和三年
1929	昭和四年
1930	昭和五年
1931	昭和六年
1932	昭和七年
1933	昭和八年
1934	昭和九年
1935	昭和十年
1936	昭和十一年
1937	昭和十二年
1938	昭和十三年
1939	昭和十四年
1940	昭和十五年
1941	昭和十六年
1942	昭和十七年
1943	昭和十八年
1944	昭和十九年
1945	昭和二十年
1946	昭和二十一年

1947	昭和二十二年
1948	昭和二十三年
1949	昭和二十四年
1950	昭和二十五年
1951	昭和二十六年
1952	昭和二十七年
1953	昭和二十八年
1954	昭和二十九年
1955	昭和三十年
1956	昭和三十一年
1957	昭和三十二年
1958	昭和三十三年
1959	昭和三十四年
1960	昭和三十五年
1961	昭和三十六年
1962	昭和三十七年
1963	昭和三十八年
1964	昭和三十九年
1965	昭和四十年
1966	昭和四十一年
1967	昭和四十二年

1968	昭和四十三年
1969	昭和四十四年
1970	昭和四十五年
1971	昭和四十六年
1972	昭和四十七年
1973	昭和四十八年
1974	昭和四十九年
1975	昭和五十年
1976	昭和五十一年
1977	昭和五十二年
1978	昭和五十三年
1979	昭和五十四年
1980	昭和五十五年
1981	昭和五十六年
1982	昭和五十七年
1983	昭和五十八年
1984	昭和五十九年
1985	昭和六十年
1986	昭和六十一年
1987	昭和六十二年
1988	昭和六十三年

1989	昭和六十四年（至1月7日） 平成元年（1月8日起）
1990	平成二年
1991	平成三年
1992	平成四年
1993	平成五年
1994	平成六年
1995	平成七年
1996	平成八年
1997	平成九年
1998	平成十年
1999	平成十一年
2000	平成十二年
2001	平成十三年
2002	平成十四年
2003	平成十五年
2004	平成十六年
2005	平成十七年
2006	平成十八年
2007	平成十九年
2008	平成二十年
2009	平成二十一年

2010	平成二十二年
2011	平成二十三年
2012	平成二十四年
2013	平成二十五年
2014	平成二十六年
2015	平成二十七年
2016	平成二十八年
2017	平成二十九年
2018	平成三十年
2019	平成三十一年（至 4 月 30 日） 令和元年（1 月 7 日起）
2020	令和二年
2021	令和三年
2022	令和四年

主要參考書目

■中文

- 《世界歷史詞典》，上海：上海辭書出版社，1985 年。

- 莊錫昌主編《外國歷史名人辭典》，南昌：江西教育出生出版社，1989 年。

- 朱傑勤、黃邦和主編《中外關係史辭典》，武漢：湖北人民出版社，1992 年。

- 《世界近代史詞典》，上海：上海辭書出版社，1998 年。

- 夏征農、陳至立主編《大辭海‧世界歷史卷》，上海：上海辭書出版社，2011 年。

- 中國社會科學院編《簡明日本百科全書》，北京：中國社會科學出版社，1994 年

- ［日］竹內理三等編，沈仁安、馬斌等譯《日本歷史辭典》，天津：天津人民出版社，1988 年。

- 吳傑主編《日本史辭典》，上海：復旦大學出版社，1992 年。

- 成春有、江捷主編《日本歷史文化詞典》，南京：南京大學出版社，2010 年

- 《日本文學詞典》，上海：上海辭書出版社，1994 年。

- 中國日本史學會編《日本歷史風雲人物評傳》，天津：天津人民出版社，1988 年。

- 朱庭光主編《外國歷史名人傳》（近代部分），重慶：重慶出版社，1982 年。

- 趙曉春著《百代盛衰：日本皇室》，北京：社會科學文獻出版社，1998 年。

- ［日］笠原英彦著，陳鵬仁譯《日本歷代天皇略傳》，台北：台灣商務印書館，2004 年。

- 楊棟樑著《日本歷屆首相小傳》，北京：新華出版社，1987 年。

- ［日］福田和也著，林思敏譯《評價日本歷代首相》，台北：台灣商務印書館，2005 年。

- ［日］鈴木正、卞崇道等著《日本近代十大哲學家》，上海：上海人民出版社，1989 年。

- 卞崇道、王青主編《明治哲學與文化》，北京：中國社會科學出版社，2003 年。

- 中國日本史研究會編《日本史論文集》，北京：生活・讀書・新知三聯書店，1982 年。

- 李顯榮、張宏儒、湯重南主編《外國歷史大事集》（近代部分第三分冊），重慶：重慶出版社，1985 年。

- 于清高、華珏等編《現代日本名人錄》（上、下冊），北京：時事出版社，1982 年、1984 年。

- 中國日本史學會編《日本歷史風雲人物評傳》，天津：天津人民出版社，1988 年。

- 陳再明著《日本人物群像》，台北：聯經出版

專業公司，1996 年。

- 李慶著《日本漢學史‧第二部：成熟和迷途》，
  上海：上海外語教育出版社，2004 年。

- 錢婉約著《從漢學到中國學：近代日本的中國
  研究》，北京：中華書局，2007 年。

- 伊文成、馬家駿主編《明治維新史》，瀋陽：
  遼寧教育出版社，1987 年。

- ［美］安德魯‧戈登（Andrew Gordon）著，李
  朝津譯《200 年日本史：德川以來的近代化行
  程》，香港：中文大學出版社，2014 年。

- 周佳榮著《近代日本文化與思想》，香港：商
  務印書館（香港）有限公司，2015 年。

- 周佳榮著《細語和風：明治以來的日本》，香
  港：香港中和出版有限公司，2018 年。

■日文

- 芳賀幸四郎編著《日本史要覽》，東京：文英
  堂，1966 年。

- 五味文彥等編著《詳說日本史研究》，東京：
  西東社，2012 年。

- 永原慶二監修《岩波日本史辭典》，東京：岩
  波書店，1999 年。

- 入澤宣幸著《日本史 1200 人》，東京：西東
  社，2012 年。

- 兒玉幸多監修《日本史人物事典》，東京：講
  談社，1995 年。

- 日本史廣辭典編集委員會編《日本史人物辭典》，東京：山川出版社，2000 年。

- 《日本 20 世紀館》，東京：小學館，1999 年。

- 藤原彰、吉田裕等著《天皇の昭和史》，東京：新日本出版社，1984 年。

- 中村政則編《年表昭和史》，東京：岩波書店，1989 年。

- 五味文彥編《日本史重要人物 101》，東京：新書館，1996 年。

- 松村正義著《國際交流史 —— 近現代の日本》東京：地人館，1996 年。

- 《日本史有名家族の情景》，東京：新人物往來社，2006 年。

- 鈴木旭、島崎晉著《日本史人物の謎 100》，東京：學習研究社，2008 年。

- 《図解現代史 1945-2020》，東京：成美堂出版社，2016 年。

- 《平成本》，東京：昭文社，2019 年。

■英文

- *Kodansha Encyclopedin of Japan.* 9 vols.Tokyo and New York: Kodansha Ltd,1983.

- *Japan:An Illustrated Encyclopedia.* 2 vols.Tokyo: Kodansha Ltd,1993.

- *The Cambridge Encyclopedia of Japan*, Cambridge,New York and Melbourhe:

Cambridge University Press,1993.

- *The Kodansha Bilingual Encyclopedia of Japan.* Tokyo: Kodansha International Led.1998.《對譯日本事典》，東京：講談社國際株式會社，1998 年。

- Huffman,James L, *Moden Japan:An Encyclopedia of History,Culture ,and Nationalism*, New York and London: Carland Publishing,Inc,1998.

- *The Cambridge History of Japan.* Vols.1-6. Cambridge: Cambridge University Press,1988.

- Beasley,William G.,*The Rise of Modern Japan.* London: Weidenfeld and Nicolson,1991.

- *100 Japanese You Should Know*, Tokyo: Kodansha Intetnational Ltd.,1998.

- Varley, Paul, *Japanese Culture.* Forth Edition, Updated and Expended.Honolula: Universyty of Hawaii Press, 2000.

- Huffman,James L.,*Japan in World History.* Oxford & New York:Oxford University Press, 2010.

人名索引（筆畫次序）

一畫

　一萬田尚登　103

二畫

　入野義朗　183

三畫

　三上次男　205 206 207 208

　三木武夫　080 081 085 090 238

　三木清　044 045 140

　三枝博音　210 211

　三島由紀夫　155 156 157

　下村治　102

　丸山真男　191 192 216 217 218

　土光敏夫　097 098

　土岐善麿　198 199

　土肥原賢二　031 032

　土屋文明　199

大川周明　002 020 029 041

大平正芳　075 082 085 086 090 238

大田洋子　151 152 153

大西良慶　119

大來佐武郎　102 103

大岡升平　145 159

大藤信郎　179 180

小川環樹　200 203

小林中　106

小津安二郎　187 188

小野川秀美　205

小磯國昭　022 023 038 236

山下奉文　032

山本五十六　034 035

川端康成　131 134 135 136 137 138 139 157 165 192

四畫

中山伊知郎　232

中山義秀　163

中谷宇吉郎　223

中河與一　134 137 139

中曾根康弘　086 087 088 090

井上日召　041

井上靖　131 159 160 161 162 201

井深大　112

仁井田陞　215

今日出海　139 140

今東光　137 139 140

內藤多仲　225 226 227

太宰治　157

户田城聖　118

手塚治蟲　131 172 173 174 175 176 177 178

木下蓮三　180

木户幸一　015

火野葦平　158

片山哲　060 061 062 068 099 236

五畫

出光佐三　104 105

加藤勘十　063 066 068

北一輝　002 038 039 040 041

市川猿之助　187

平岡敏男　123

平岡瑤子　157

平沼騏一郎　014 037 236

平野力三　065

本田宗一郎 111

永田鐵山 024 025 026 027

永井隆 151 153 154

甘粕正彥 029

田中角榮 050 081 082 083 084 085 090

田中隆吉 023

田中義一 009 015 016 065 075 235

田邊元 044 192 212 219

白木義一郎 120

矢內原忠雄 230 231

石川一郎 096 097

石川達三 140 141 142 143 144

石坂泰三 096 097 098

石原莞爾 002 017 018 019

石原裕次郎 184 188

石橋湛山 050 059 070 071 080 081 101 237

六畫

伊東正義 086

伊東深水 170

伊波普猷 198

伊藤忠兵衛 110 111

吉川幸次郎 201 203 204

吉田茂　056 058 059 060 064 069 070 073 075
076 077 078 079 093 103 106 122 232 236 237

宇垣一成　020 021

安倍晉太郎　088

安倍能成　056 219

安達謙藏　012 013

有吉佐和子　147 148

有澤廣巳　101

池田勇人　106 237 238

竹下登　088 089 090 239 245

竹內好　095 124 125 126

米內光政　037 038 236

羽仁五郎　044 214 215

羽田亨　209

西川寧　172

西田稅　039 040 041

七畫

佐伯勇　111

佐藤榮作　060 070 071 072 073 077 081 090 238

坂田昌一　224 225

杉山寧　157 169 171

杉本直治郎　209 210

貝塚茂樹　200 201 202 203 204

赤松克麿　019

八畫

和辻哲郎　220

岡村寧次　052 053

岡邦雄　211

岡崎嘉平太　115

岩村三千夫　126 127

岸信介　028 060 070 071 072 073 074 081 083
088 113 115 237

服部良一　131 180 181

東久邇稔彦　038 050 051 052 236

東山魁夷　131 133 165 166 167 168 169

東畑精一　228

東條英機　011 015 018 023 024 025 028 058 070 236

東龍太郎　231

松下幸之助　107 108 109

松井石根　030 031

松本治一郎　064

松本重治　122

松本清張　164

松村謙三　054 105

松岡洋右 029

板垣征四郎 018 019

林京子 151 154 155

林房雄 158

林芙美子 144 145

林銑十郎 028 037 235

林謙三 182

武田泰淳 095 124 126

河合良成 105

河野一郎 060 074 087

牧口常三郎 118

芦田均 062 066 067 068 069 237

近衛文麿 003 014 015 024 029 037 045 061 236

金丸信 089

金田一京助 198

長谷川如是閑 120 121

長岡半太郎 193 223

阿部次郎 218

阿部信行 021 236

九畫

前川喜作 114

南雲忠一 036 037

後藤田正晴 089

星野直樹 028

美空雲雀 184 188

若槻禮次郎 009 011 012 235

茅誠司 227 228

重光葵 051 053 054

飛鳥田一雄 065 066

三吉 151 153

十畫

原民喜 151 152

宮本百合子 046

宮本研 146 147

家永三郎 211 212 213

桑原武夫 201 204

海音寺潮五郎 163

真崎甚三郎 022 026 028

神田喜一郎 200

荒木貞夫 022 026

高崎達之助 113 115

高橋龜吉 101

十一畫

御木本幸吉 193 227

梅屋莊吉 184 185 186

梅津美治郎 051 053

淺沼稻次郎 064 065

清瀨保二 182

盛田昭夫 112

都留重人 099 100 193

野間宏 146

鹿地亙 042 043 158

十二畫

朝永振一郎 191 193 222 224

棟方志功 170 171

森户辰男 066 068

森恪 018 075

植村甲午郎 097 098

湯川秀樹 191 193 200 203 221 222 224

賀川豐彥 119

開高健 165

黑田壽男 069

十三畫

園田直　074 075

鈴木大拙　116 117

鈴木茂三郎　063 064 068

鈴木貫太郎　026 037 038 236

鈴木善幸　081 082 238

鳩山一郎　058 059 060 070 076 077 078 237

十四畫

嘉納治五郎　196 229

實藤惠秀　214

幣原喜重郎　012 049 055 056 076 082 235 236

旗田巍　216

福田赳夫　071 073 074 238

綠川英子　043 045 046

十五畫

增田涉　124 125 126

廣田弘毅　013 076 235

廣岡知男　123

稻山嘉寬　097 106 107

諸橋轍次　195 196 197

豬俣津南雄　044

十六畫

樺島勝一　179

橫光利一　131 134 136 138 139

橫溝正史　164

十七畫

磯谷廉介　033 034

齋藤秀雄　183

十八畫

豐道春海　171

十九畫

藤山愛一郎　114 115

藤堂明保　127

二十一畫

櫻田武　106

櫻井錠二　222 223

蠟山政道　231 232

策劃編輯	梁偉基	
責任編輯	梁偉基	
書籍設計	a＿kun　陳朗思	
書籍排版	陳朗思	
照片提供	行　旅	
地圖提供	行　旅	
封面繪圖	林凱欣	

書　　名	一本讀懂昭和日本
著　　者	周佳榮
出　　版	三聯書店（香港）有限公司
	香港北角英皇道 499 號北角工業大廈 20 樓
	Joint Publishing (H.K.) Co., Ltd.
	20/F., North Point Industrial Building,
	499 King's Road, North Point, Hong Kong
香港發行	香港聯合書刊物流有限公司
	香港新界荃灣德士古道 220-248 號 16 樓
印　　刷	美雅印刷製本有限公司
	香港九龍觀塘榮業街 6 號 4 樓 A 室
版　　次	2022 年 6 月香港第一版第一次印刷
規　　格	大 32 開（132 × 210 mm）292 面
國際書號	ISBN 978-962-04-4908-6

© 2022 Joint Publishing (H.K.) Co., Ltd.

Published & Printed in Hong Kong

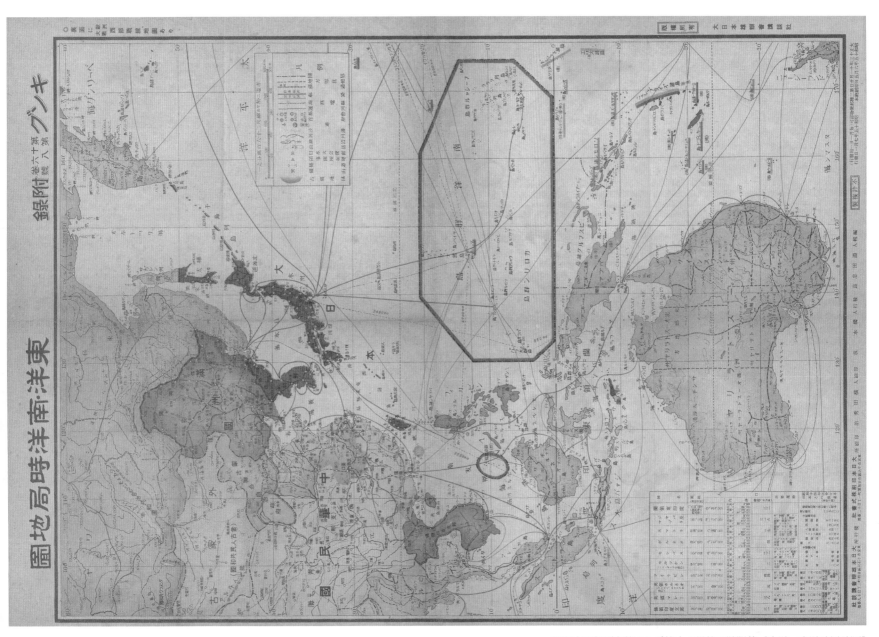

昭和十五年刊印的キング第十六卷第八號附錄《東洋・南洋時局地圖》